JN303890

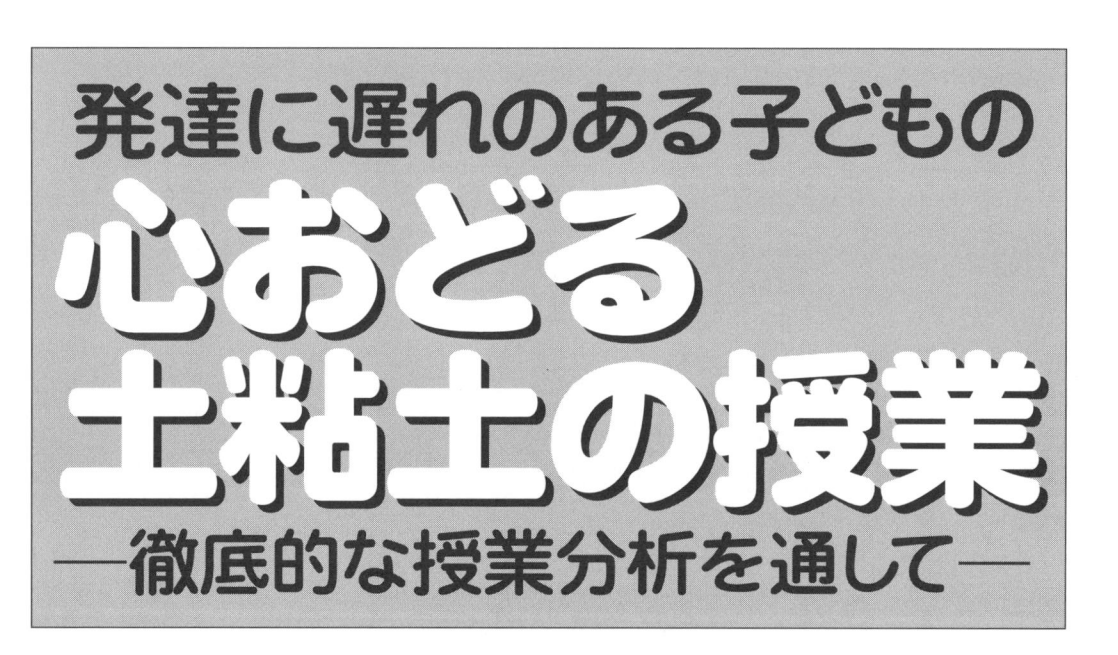

発達に遅れのある子どもの
心おどる土粘土の授業
―徹底的な授業分析を通して―

成田 孝 著

黎明書房

口絵写真の制作者は次の皆さんです。

1　なりた　よしまさ
2　なかむら　やすひこ
3　もりの　ゆきこ
4　きよしげ　るみ
5　たけがはら　みき
6　なら　きみこ
7　たけがはら　みき
8　くしびき　よりこ
9　あかし　ひろゆき
10　やまぐち　しんや
11　あかひら　よしひこ
12　たけうち　さとし
13　すとう　ひろし
14　たてうら　ひろの
15　かねこ　わたる
16　あかいし　ひろし
17　こえだ　まさふみ
18　とのさき　こうせい
19　しもやま　けいこ
20　なかた　まなぶ

心おどる活動の様子

　思いもかけぬ形や痕跡を発見して興奮する。自然に，顔が粘土に近づく。指先に心が乗り移る。活動が楽しくて，笑顔にあふれる。
　いずれも，土粘土の活動に夢中になって，瞳が輝いている。心情が土粘土に溶け込み，土粘土との一体感にあふれている。子どもたちの心の高まりが，手に取るように伝わってくる。わくわくする。子どものすべての感覚が統合され，土粘土と人間が滑らかに調和している。
　ここに，真の子どもの存在がある。私たちが求める子どもの活動の姿，つまり，目標とする教育の姿がある。

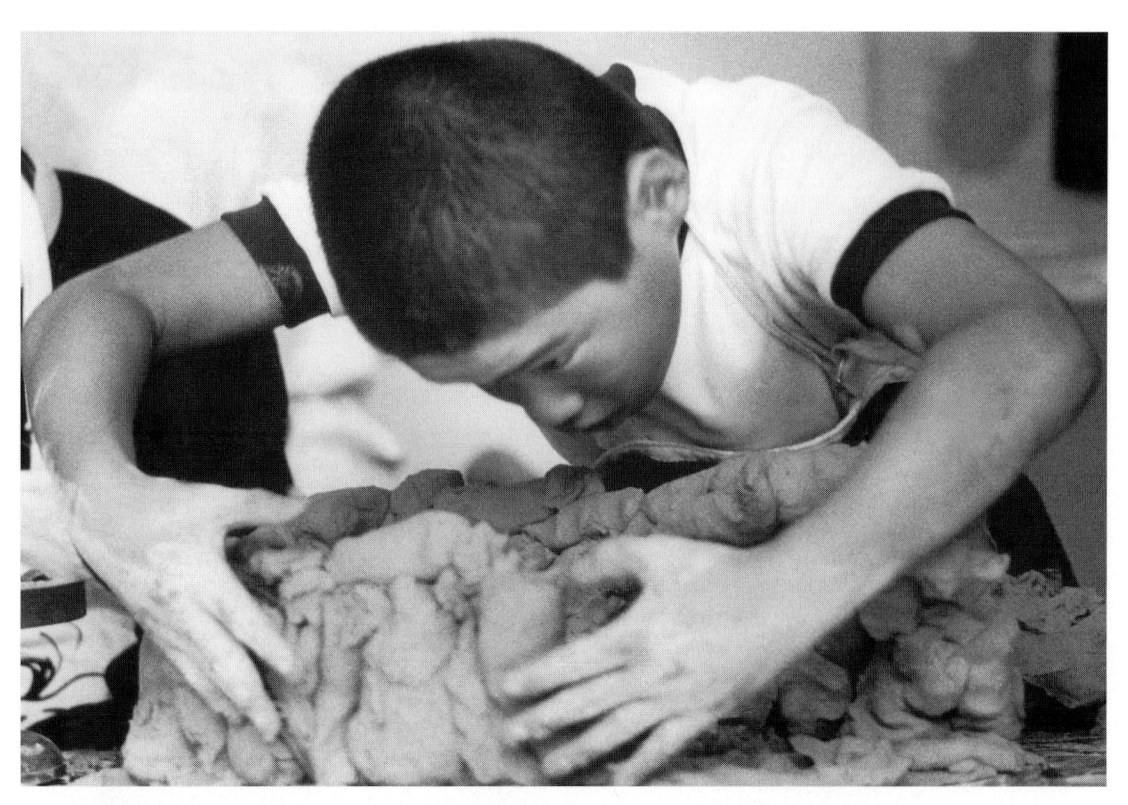

1　悪戦苦闘しながら，大きな家を一気に作る。

2　鬼を作り，自分も鬼の表情となる。

3　土粘土をワイヤーで切り，切断面に驚く。

4 土粘土を思いのままに操作し，細かく複雑なミニチュアのカバンを作る。

5 糸のように土粘土をのばし，極小のヘビを作る。

6

7

8

いずれも楽しさにあふれ，自然に笑顔となる。

9　土粘土でカニを作る。まるで生きているように，持ち上げて語りかける。

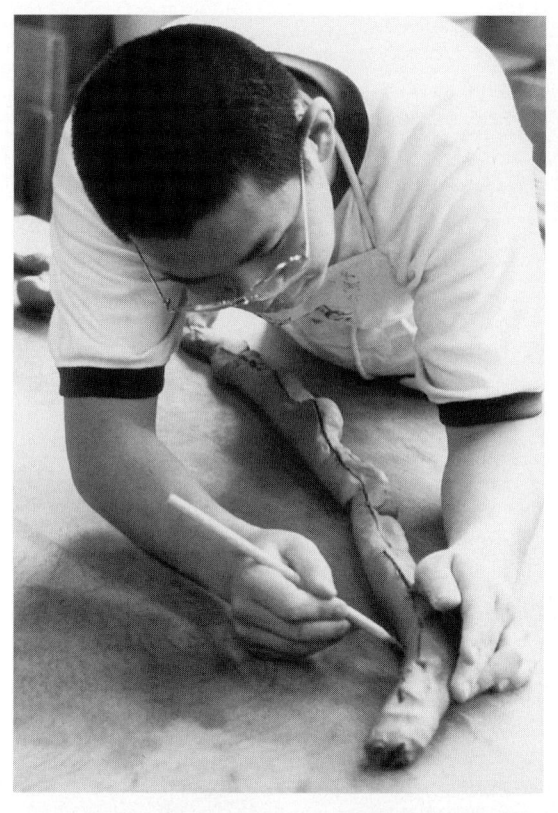

10　長さ2mのヘビ　　　11　横断歩道橋
12　大好きな野球場

いずれも大きな作品に取り組む。

13

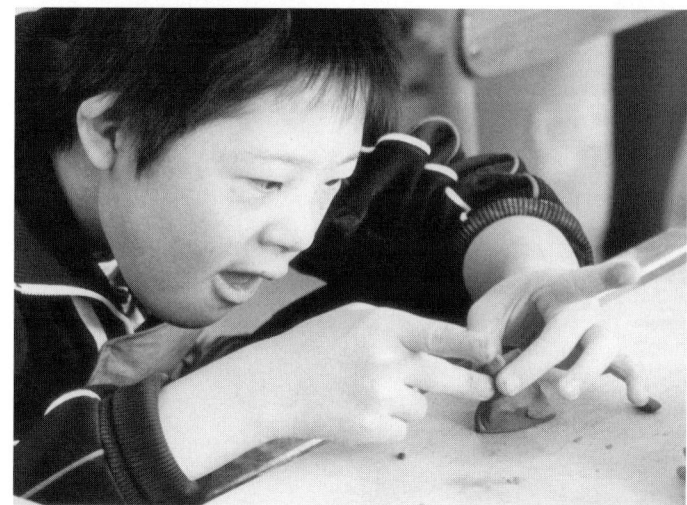

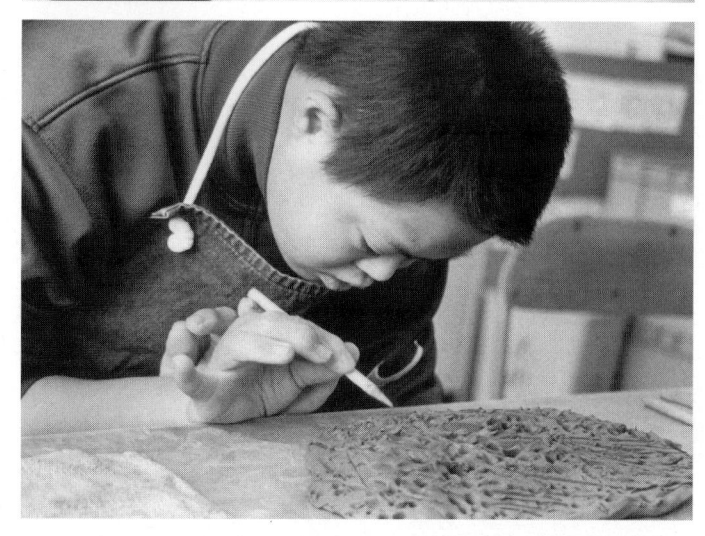

14

15

いずれも指先に心が集中し，指が自然と表情を作る。

16

17

18

19

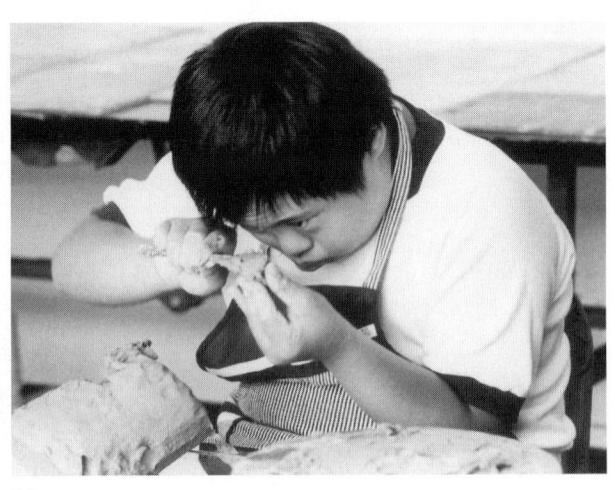

20

いずれも瞳を大きく見開き，顔が自然と土粘土に近づく。

はじめに

　特殊教育から特別支援教育への移行に伴い，あらためて強く突き付けられているのは，教師の授業力である。

　あらゆるハンディキャップに対して，生涯にわたって関係する分野が連携し，発達保障を確かなものとすることが求められるのは言うまでもない。システムの変更や計画に労力を偏重することなく，日々の授業実践に主たるエネルギーを注ぐ必要がある。

　個別指導計画や個別の教育支援計画及び教育課程は，教師の授業力と密接に関連し，ニーズに合致しているかが不断に問われなければならない。

　授業とは，いかに子どもの存在をつくるかである。子どもの存在をつくるために，教師は題材を用意し，支援して授業を展開する。しかし，真に子どもが存在し，真の主体的な活動になっているだろうか。子どもが自分の力を精いっぱい発揮し，生命を躍動させながら，夢中になって活動に取り組んでいるだろうか。葛藤や試行錯誤や創意工夫を積み重ね，驚きや発見や充実感を得ているだろうか。題材や支援が教師の独りよがりになっていないだろうか。

　この疑問を少しでも埋めるには，徹底的に題材と支援を吟味し，追求していくしかない。この過程をどこまで深められるか。この過程が経験知となり，教師の授業力と不可分な関係となる。また，経験知の大きさは，教師がどれだけ緻密な計画を立て，用意周到に準備し，全力かつ大胆に行動できたかと比例するのも真であろう。

　本書は，一教科の一題材である「土粘土」を重視し，徹底的な授業分析を試みた，前任校の弘前大学教育学部附属養護学校での実践をまとめたものである。当時の教職員の皆さん（なかでも，「図画工作・美術」研究班の先生方）はもちろん，子どもたちの存在によるところが大きい。

　巻頭の口絵写真では，心おどる子どもたちの活動の様子を紹介する。第Ⅰ部では，私たちが求める子どもの活動を引き出すための基本的な考え方，第Ⅱ部では，徹底的な授業分析を通して，「土粘土」の有効性を明らかにするとともに，授業における教師の支援方法，評価の在り方などについて，具体的に提案した。さらに，第Ⅲ部では，発達に遅れのある子どもの造形表現の意義について述べる。

　なお，本書は文字による記述を補完するために，授業の具体的な事実である写真を多く掲載した。

　教育図書は，頭で理解したり，知識として何かを得るレベルではなく，授業改善に直結する内容であるかが厳しく問われるべきである。本書があらゆる授業において，ドラマが生まれるための「授業力」の，一本の縦糸となることを心から切望する。

　2008年4月8日

　　　　　　　　　　　　　　　　　　　　　　　　　　　　　　　　　成田　孝

目　次

はじめに … 1

第Ⅰ部　造形教育の授業の基礎

1　造形教育の意義 …………………………………………………………… 6

(1) 発達に遅れのある子どもにおける造形活動の意義 … 6
(2) 造形教育の目標 … 6
(3) 造形学習と教育課程 … 7
(4) 情操の二つの説―「感情高次化・理念化説」と「心情・心情成育説」― … 8
(5) 「心情・心情成育説」と体性感覚 … 10
(6) 人間の発達における体性感覚の重要性 … 10
(7) 体性感覚の働きが大きな比重を占める「土粘土」題材 … 12

2　造形教育における題材の条件と構造 …………………………………… 13

(1) 題材の条件 … 13
(2) 題材の全体構造の明確化―粘土を例にして― … 15

3　子どもの全体像と学習課題の把握 ……………………………………… 15

(1) 子どもの全般的な実態の把握 … 15
(2) 形象表現力・イメージ力・表現意欲の三つの観点による造形表現の実態把握 … 23
(3) 造形表現の発達段階と学習課題 … 25

4　造形教育における教師の支援の構造 …………………………………… 25

5　造形教育において教師に求められる姿勢 ……………………………… 27

(1) 授業での解放的な雰囲気づくり … 29
(2) 子どもの主体的な活動の促進 … 30
(3) 造形教育における教師の基本的な姿勢 … 34

目　次

第Ⅱ部　造形教育としての土粘土の授業

1　主な粘土（土粘土・油粘土・紙粘土）の比較と土粘土の有効性 … 38

　⑴　主な粘土素材（土粘土・油粘土・紙粘土）の特徴 … 38
　⑵　主な粘土素材（土粘土・油粘土・紙粘土）と子どもの表現の関係 … 39
　⑶　土粘土の長所 … 45

2　授業で土粘土のよさが発揮される条件 … 47

　⑴　他の題材と土粘土の関連 … 47
　⑵　土粘土の授業における土粘土の量と回数の確保 … 47
　⑶　土粘土の軟らかさの度合い … 48
　⑷　土粘土の活動場所 … 49
　⑸　土粘土活動の道具 … 50
　⑹　土粘土活動のテーマ（主題） … 53
　⑺　土粘土活動での表現リズム … 54
　⑻　土粘土作品における作品名の確認方法 … 55
　⑼　土粘土による共同制作 … 56
　⑽　模倣の肯定 … 56
　⑾　土粘土作品の保存方法 … 56
　⑿　土粘土作品の焼成方法 … 57
　⒀　土粘土作品の展示 … 58
　⒁　集団の教育的効果に着目 … 58

3　子どもの表現特性に応じた授業での具体的な支援方法 … 59

　⑴　パターン化した表現の子どもに対して … 59
　⑵　レパートリーが少なかったり，具体的な形になりにくい子どもに対して … 61
　⑶　偶然できた形や痕跡からイメージできる子どもに対して … 65
　⑷　手で直接触るのを嫌がる子どもに対して … 66
　⑸　上手下手が気になる子どもに対して … 67
　⑹　テーマを決めかねている子どもに対して … 67
　⑺　気分に左右される子どもに対して … 67
　⑻　模倣レベルの子どもに対して … 68

(9)　技術的な援助が必要な子どもに対して　…　69

4　土粘土授業の記録とその評価法　………………………………………………………　70

　　(1)　授業記録の観点と授業記録用紙　…　70
　　(2)　授業参観の観点と授業参観記録用紙　…　75
　　(3)　授業参観記録と授業研究会の実際　…　78
　　(4)　一人の生徒の動きを徹底的に記録し分析する
　　　　　―1コマ80分の逐語記録による個別授業分析―　…　83
　　(5)　子どもの土粘土表現の1年間の変化（中学部1年生）　…　91
　　(6)　子どもの土粘土表現の長年の変化　…　97
　　(7)　個々の子どもの広がるイメージと制作過程　…　104

第Ⅲ部　発達に遅れのある子どもの造形表現の意義

1　作品発表の在り方　……………………………………………………………………　116

　　(1)　作品展の在り方―どんな作品を展示するか―　…　116
　　(2)　展示の工夫　…　117

2　発達に遅れのある子どもたちの輝きに学ぶ　………………………………………　119

　　(1)　子どもたちの心おどる"土粘土"の授業の様子　…　119
　　(2)　私たちを魅了する子どもたちの作品―その豊かな心情の世界―　…　122
　　(3)　子どもたちの"豊かな心情"の持つ意義　…　123
　　(4)　子どもたちが輝く授業の追求　…　124

解　説　発達に遅れのある子どもとともに歩む授業実践論
　　　　　　　　　　　大阪市立大学大学院文学研究科・文学部教授　湯浅恭正　…　125

資　料　………………………………………………………………………………………　131
　　　資料1　学習指導案　…　132
　　　資料2　授業記録例　…　136

註及び引用・参考文献　…　140
あとがき　…　142

第Ⅰ部

造形教育の授業の基礎

1　造形教育の意義

(1)　発達に遅れのある子どもにおける造形活動の意義

　発達に遅れのある子どもは，言語や数量を中心とする論理的な思考が苦手である。この点，非言語で操作的・具体的な造形活動は，発達に遅れのある子どもにとって，極めて大きな意義がある。
　見聞中心の学習と異なり，身体を使って素材や道具を直接に，感覚的かつ具体的に操作する造形活動は，操作が手ごたえとしてフィードバックされ，変化が眼前に現れるため，「対象・操作・自己」のかかわりを確認できる。つまり，素材や道具を主体的・自発的・身体的・直接的・具体的・感覚的に操作しながら心情に働きかけ，能動的に自己の行為を決定していくことに造形活動の意義がある。この過程で，活動に対する意欲や関心が高まり，表現力が向上する。
　ここでは，自発的で主体的な表現活動を高める指導が中心でなければならない。単なる表現技術やパターンを教えたり，示した手順に沿って活動させるなど，一見主体的な表現活動に終始する指導は論外である。

(2)　造形教育の目標

　学習指導要領では，校種を問わず，「豊かな情操を養う」ことが造形学習の目標に定められている。しかし，豊かな情操を通して，どんな力をはぐくむのかが明確でない。
　一方，造形学習の目標を，表現力の育成，手指機能の向上，情緒の安定，余暇利用への発展，協調性の育成，材料や用具への習熟など，分析的にとらえる場合もある。個々の意義は否定しないが，これでは目標の本質が見えてこない。
　三木安正[1]は，発達に遅れのある子どもの教育目標を，その子の能力が十分発揮され，その力が生活を豊かにするために無駄なく，一定目標に向けて集中できるようにすることとしている。つまり，一定の目標を持って，生活に努力する人間の育成を掲げている。そして，造形活動に対する意欲の向上が，行動の目標を明確にし，目標達成のために自己の力を集中することになるとしている。
　よって，造形教育は，自発的かつ主体的な表現活動，つまり表現力の向上を目標とすべきである。そして，造形活動による表現力の高まりが，目標達成のために自己の力を集中させ，

自らの生活を豊かにし、たくましく生きる人間の育成に、極めて重大な意義を持つ。

(3) 造形学習と教育課程

① 教科別指導と領域・教科を合わせた指導のどちらが有効か

　造形学習は、図画工作及び美術の教科別指導と、生活単元学習や総合学習などの領域・教科を合わせた指導で展開されている。

　最近の傾向として、教科別の指導よりも、領域・教科を合わせた指導が重視されているのは、再考を要する。

　例えば、生活単元学習の運動会単元においてポスターを制作すると、造形学習に位置づけられる。ポスター＝造形学習ではないはずだ。生活単元学習におけるポスター制作が、真の造形学習となるためには、自己の力を集中させ、素材や道具を感覚的に操作しながら、能動的に自己の行為を決定する過程が十分確保されていなければならない。子どもに対する支援の度合いはさまざまでも、ポスターにおける一人一人の自由な表現は造形活動となる。しかし、問題視しなければならないのは、活動の中身である。真に厳しい表現活動があったのか、それとも教師の説明や指示によって一見主体的な表現活動になっていたのか。バザー単元における教室の装飾なども同様である。

　生活単元学習で展開されるいろいろな活動を分析し、その性格から、絵画的なものや工作的なものを、造形活動にカウントする必要はない。前述の造形活動の目標は、領域・教科を合わせた指導でも、工夫によっては達成可能かもしれないが、本来、生活単元学習などの領域・教科を合わせた指導は、そのときの単元の中心的な目標及び活動に焦点を当てるべきである。

　子どもの自発的かつ主体的な表現活動を高めるためには、教科別の指導が有効であり、もっと重視されてよい。しかし、教科別の指導時間が十分に確保されても、一見主体的な表現活動に終始しては意味がない。

② 造形活動への時間配当

　造形活動が重要だからといっても、時間割の大半を造形活動に割くわけにはいかない。言語、数量、運動、作業などの学習との調和が必要である。また、年齢差や発達差などの個人差があるとしても、造形活動に週あたりどれだけの時間を充てるかは、大きな問題である。

　経験的には、週１回程度。じっくり取り組むには、活動時間は40〜50分の短い時間ではなく、短くても80〜100分は必要である。さらに、子どもたちの要求に応じて、クラブ活動や部活動や余暇活動などでの展開も考慮したい。

③　時間割の弾力的な運用

　時間割は，子どもの実態に合わせて，弾力的に運用されるべきである。現実は，子どもが集中していても，「次は○○の時間だから」と打ち切ることが多いのではないか。時間どおりに展開するのは，教師にとって楽である。

　しかし，教師の都合ではなく，子どもの都合を考慮した教育活動を望むなら，造形活動に限らず，子どもの集中の度合いによっては，活動時間に増減があって当然ではないのか。

　終了の時刻になっても，中断できないほど活動に没頭している場合は，時間を少し延長したり，昼休みや放課後に引き続き活動する場を保証したい。

④　根拠のある時間の位置づけと題材の配列を

　週1回として，何曜日の何時間目に位置づけたらよいのか。絵画，粘土，工作，版画などをどのように並べたらよいのか。位置づけと題材の配列は，子どもの活動に大きな影響をもたらす。ただ，位置づけは，ほかの教科や領域の性格も考慮し，すべての時間に根拠ある編成を考える必要があろう。

　題材の配列は，経験的に，版画のような細かさの要求される題材のあとに，可塑性の高い土粘土が望ましい。同時に，版画や土粘土はまとまった時間が必要なので，年間の学校行事などを吟味して位置づけたい。造形遊びや絵画などは，一つの題材に，版画や土粘土ほど時間を確保しなくてもよいので，どの時期でも位置づけしやすい。

(4)　情操の二つの説[2]
―「感情高次化・理念化説」と「心情・心情成育説」―

　学校教育において，学校全体，学部，学年，学級，個人，教科・領域，単元・題材など，さまざまな単位で目標が定められる。しかし，それぞれの目標の深い解釈と，目標達成のための具体的方法論に，大きな課題がある。学習指導要領の芸術教科は，情操を目標に掲げている。情操は，情操教育など日常的に使われるが，曖昧な用語であると同時に単なる看板やお題目に終わっていることも否めない。

　情操は，明治11年，sentiment等の訳語として，哲学者の西周（にしあまね）によって先鞭をつけられた和製字音語（漢語）である。情操をどうとらえるかは，教育に重大な差異をもたらす。情操観を厳しく問うべきである。

　伝統的概念では，情操を感情が高次化・理念化したものととらえる。この「感情高次化・理念化説」によると，感情は幼稚で自己本位，衝動的，生理的，一時的なものだから，知性と意志によって，価値（自我）感情である情操に高めることが求められる。

　一方，伝統的概念と対立する，注目すべき考え方，「心情・心情成育説」がある。そこでは，感情の高次化・理念化が否定され，感情（心情）そのものの成育・発展が重視される。

第Ⅰ部　造形教育の授業の基礎

表1　情操概念の比較

概念の名称	感情高次化・理念化説	心情・心情成育説
概念の主旨	感情は，幼稚・自己本位・衝動的・生理的・一時的なものだから，知性と意志によって価値（自我）感情へ高めなければならない。	精神は，生命を脅かすものだから，精神と肉体をつなぐ心情そのものの成育によって調和を図らなければならない。
概念の図式	（図：感情→高次化・理念化→情操、社会性・芸術性・知性・文化性・宗教性、精神）	（図：心情を中心に、愛・驚嘆・手本・養分、心情）
概念の基盤	（図：肉体←精神）	（図：ICH（自我・精神）、Leib肉体⇄Seele心情、ES（生命性））
	「肉体・精神」二分説	「肉体・精神・心情」三分説
	デカルト（René Descartes）	クラーゲス（Ludwig Klages）
	ロゴス（論理）中心の世界観	ビオス（生）中心の世界観
	我欲・行動欲	無心・静観
	確信・責任感・自棄・冷酷	畏敬・誠実・謙虚・情熱
教育の特質	左脳（あたま・精神）	右脳（こころ・心情）
	「目に見えるもの」・「しかけしくみ」の把捉	「目に見えないもの」・「すがたかたち」の把捉
	科学・知識	芸術・創造性
	意識	無意識
	理想（目標）へ高め，引き上げる	現実を受け入れ，はぐくむ
	指示・命令・禁止	驚嘆・愛・手本
	鍛錬・実行・硬直・拘束	自然・受容・柔軟・解放
	規範・没個性	自主性・個性
	効率・合理性	非効率・非合理性

※　「感情高次化・理念化説」及び「心情・心情成育説」の名称は，著者による。

「感情高次化・理念化説」では，目に見えるものや意識が重視される。支援はおのずと指示や説明や命令が多くなり，子どもの主体的な活動が損なわれる。片や「心情・心情成育説」では，目に見えないものや無意識が大切にされる。支援は現実を受け入れはぐくむことがベースとなるため，子どもの主体性が引き出される。

「感情高次化・理念化説」と「心情・心情成育説」の概念を比較したのが，表1 (p.9) である。両説を対比してみると，その違いが鮮明に浮かび上がってくる。私たちが求める，自発的かつ主体的な表現活動は，「心情・心情成育説」でこそはぐくまれるのは明らかである。

(5) 「心情・心情成育説」と体性感覚

「感情高次化・理念化説」では，感覚的なものや経験的なものよりも，判断や認識，意識や把捉可能なもの，知性や意志などが重視されるのに対して，「心情・心情成育説」では，体性感覚による感覚や経験が重要となる。

人間が感じたり判断したりするのは，次項で述べる体性感覚の働きを抜きには語れない。例えば，リンゴを見れば，すぐにリンゴとわかる。重さは視覚によっておおよそ推測できる。正確な重さや大きさは，計量によって正確に把捉できる。それが知識となる。

しかし，ほんとうの重さや手触りは，直接触れて，筋肉運動を通して持ってみないと実感できない。

リンゴを視覚で確認したり，重さや大きさを計測して正確に把捉したり，成長のしくみや味や成分などを分析的にとらえることが「感情高次化・理念化説」とすれば，「心情・心情成育説」は，直接持ってみて，皮膚感覚と運動感覚の両方（つまり，体性感覚）の働きによって，自らの感覚で実感することになる。

持ってみても，正確な重さはわからないが，言葉ではうまく表現できない重さの感覚が残るはずである。この感覚から，リンゴの味やリンゴ畑やさまざまなことを想像するかもしれない。体性感覚による感覚の揺さぶりは，目に見えないものにまで思いを巡らし，イメージが豊かに広がることにつながる。

「感情高次化・理念化説」の「あたま」による把捉や，指示どおりの活動からは，豊かな情操は決してはぐくまれない。体性感覚を重視する「心情・心情成育説」の，主体的で自由な，自らの感覚による実感こそ豊かな情操をはぐくむのである。

(6) 人間の発達における体性感覚の重要性

人間の感覚は，実用的立場から，以下の三つに分類される。
・特殊感覚（視覚，聴覚，嗅覚，味覚，平衡感覚）

第Ⅰ部　造形教育の授業の基礎

・体性感覚（触覚，圧覚，温覚，冷覚，痛覚，運動感覚）
・内臓感覚（臓器感覚，内臓痛覚）

　また，感覚受容器は，視・聴・嗅・味・触の五つあるが，触を除く四つはすべて特殊感覚であり，受容器は局所的である。一方，触覚は体性感覚に属し，皮膚の接触感覚にとどまらず，筋肉感覚や運動感覚と不可分な関係があり，全身的である。発生学的には，視・聴・嗅・味の四つの感覚も，触覚が発展したものとされるが，触覚は感覚統合の基体となっており，五感の一つとして，並列的に扱われるべきではない。

　大橋晧也（1980）[3]は，中村雄二郎[4]などの説によりながら，感覚の関係を次のように述べている。

　「特殊感覚は脳神経系によって伝達される感覚であり，体性感覚は，体性脊髄神経系によって伝達される感覚であり，そして内臓感覚は内臓神経系（自律神経系）によって伝達される感覚である。そして，また，体性感覚のうち皮膚感覚は外受容感覚として，特殊感覚とも関連し，運動感覚（筋肉・関節）は深部感覚として内臓感覚とも関連しているという関係にある。これを図にしてみると次のようになる。この図1をみて，すぐ気づくように，特殊感覚は，直接大脳中枢に刺激を伝えるのに対して，体性感覚は必ず深部感覚を通り，内臓感覚とも関わりながら大脳中枢に伝達される。」

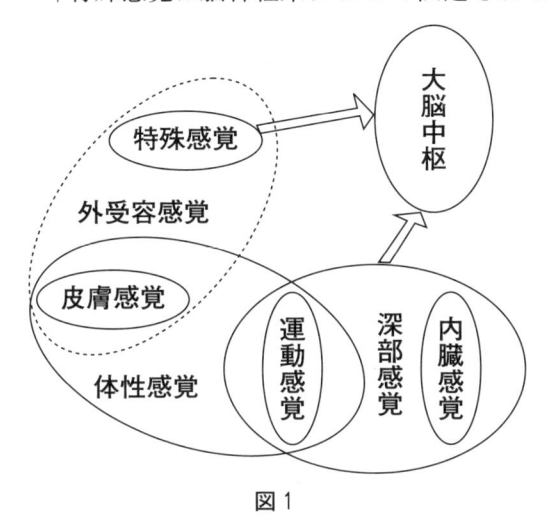

図1

　「さらに，特殊感覚・体性感覚・内臓感覚を次のように構造化して考えることもできる（図2：一部修正）。特殊感覚は，つねに外受容感覚として刺激の受け手であり，必然的に受動的・消極的であるのに対し，体性感覚は，つねに運動感覚がからまり，行動的・積極的である。そして，内臓感覚は木の根のように全体を内側から支えているエネルギーの補給基地といった関係の三層からなる構造である。そして，この図は，体性感覚がつねに中心にあり，体性感覚が活動するときは，特殊感覚も内臓感覚もともに共振し，全体として共通感覚がいきいきと反応することを示している。それは同時に，特殊感覚をいかに刺激しても全身的反応をおこすことにはならないことも示している。また，内臓感覚は，最も深いところにあって直接外部とかかわることはないが，それが脆くなったときは全体の崩壊まで引きおこしかねない関係を示している。」

　このように，体性感覚がいかに重要かを，明快に整理している。

　人間にとって，いっさい触れず，動かず，つまり，体性感覚抜きに知覚・認識することは不可能である。絵を描いたり，文字を書く場合は視覚優位であるが，筆や鉛筆を手で握り，

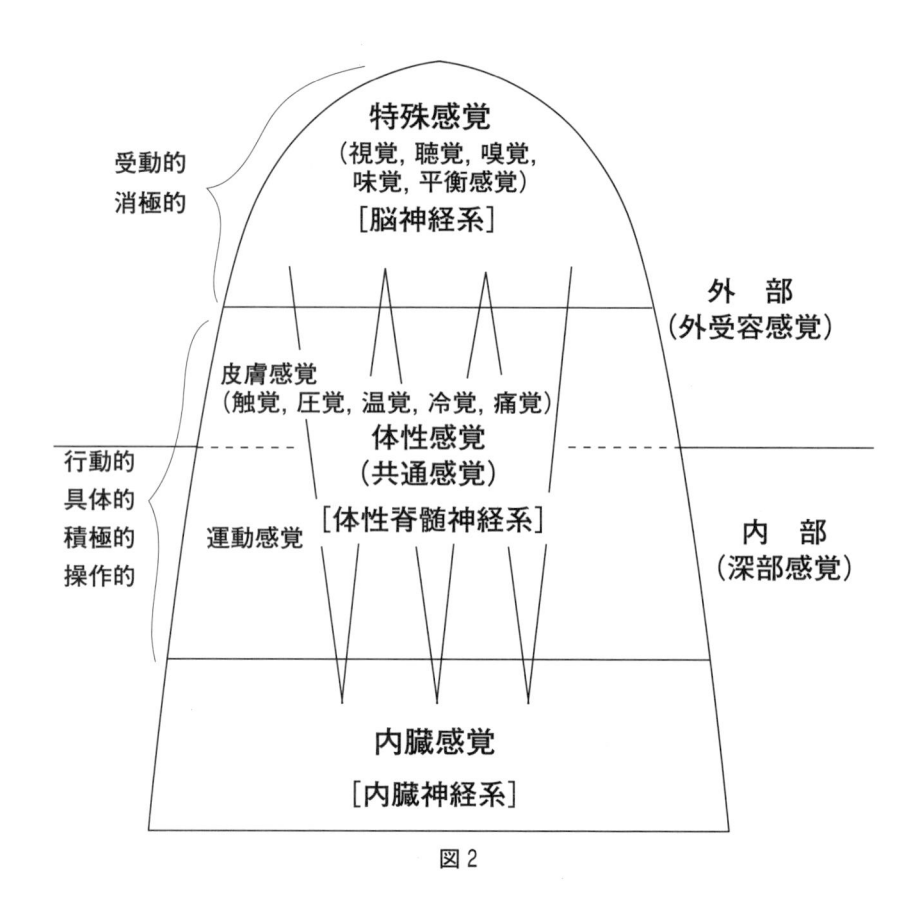

```
                    特殊感覚
              （視覚，聴覚，嗅覚，
受動的           味覚，平衡感覚）
消極的           ［脳神経系］

                                            外　部
                                          （外受容感覚）

              皮膚感覚
          （触覚，圧覚，温覚，冷覚，痛覚）
              体性感覚
行動的         （共通感覚）
具体的
積極的         ［体性脊髄神経系］
操作的   運動感覚
                                            内　部
                                          （深部感覚）


                    内臓感覚
                  ［内臓神経系］
```

図2

腕を動かすという体性感覚の働きがある。数の概念把握を考えても，数えるときに指差したり，移動したりするのは，体性感覚の働きであり，体性感覚の働きを通して大脳が認識することになる。人間の発達にとって，体性感覚の果たす役割は極めて大きい。

　視覚優位の人間社会，人間の行動，現代文化にあって，行動的・具体的・積極的・操作的な体性感覚の働きをもっと重視すべきである。

(7)　体性感覚の働きが大きな比重を占める「土粘土」題材

　なかでも土粘土の操作は，視覚的に変化を確認するものの，体性感覚の働きが大きな比重を占める。手触り，重さ，軟らかさ，粘り，ぬくもりや冷たさ，大きさなどを感じることができる。操作によるこれらの変化や反応を，体性感覚を通して，脳が逐次受け止めることになる。

　「触れる」と「感ずる」は，語源が同じとされる。「土粘土」にじっくり触れることによって，自分と対象が一体となり，自らの生命を揺り動かすことになる。「手ごたえ」とは，まさに，体性感覚の働きをみごとに象徴している。

しかし，造形活動や土粘土が，体性感覚と密接な関連があるからといっても，ただ触れたり，表面的な操作活動をするだけでは，決して体性感覚は揺さぶられない。じっくり触れたり，何度も操作したり，試行錯誤を繰り返したり，思い切り表現したりすることによってのみ，体性感覚が真に揺さぶられることになる。ここではじめて，特殊感覚や内臓感覚とも共振し，共通感覚として，全体がいきいきと反応することになる。

発達及び教育における体性感覚の重要性を再認識し，真に体性感覚を揺さぶる教育を，あらゆる教育の活動場面で追求する必要がある。

2　造形教育における題材の条件と構造

(1) 題材の条件

授業の中で，子どもの存在を最大限引き出すためには，題材と支援は不可分の関係にある。いかに，すぐれた支援ができたとしても，肝心の題材に難があっては，子どもの存在を引き出すことができない。題材論に偏重しても困るし，支援論に偏っても困る。題材の教材や素材は，操作や思考の媒介として，重要な意味を持つ。授業の根幹にかかわる，極めて重大な問題である。

題材には，子どもにどのような活動を期待し，いかなる力を培うのかが具現される。そのためには，題材選定の条件を明確にし，厳しいふるいにかけ，題材にしっかりした根拠を持ちたい。

表2[5]（p.14）は，発達に遅れのある子どもにおける題材で重視している条件である。この表は，作業学習や生活単元学習における題材・単元の条件をベースに作成したものであるが，すべての教科・領域にあてはまると考えている。もちろん，教科・領域によって，観点の軽重が考えられる。

「土粘土」は，表2の「5　人とのかかわりと表現」以外は，すべてが条件に合致している。しかし，この条件に合う題材として「土粘土」を選んでも，それだけでは子どもの存在がつくれない。次のステップとして，選定した「土粘土」が題材として真価を発揮するための条件を，題材の特性に合わせて，具体的に考えなければならない。この条件は，「第Ⅱ部　造形教育としての土粘土の授業」の「2　授業で土粘土のよさが発揮される条件（pp.47-58)」で述べる。

表2 発達に遅れのある子どもにおける題材の条件

No.	観点	内容
1	失敗の許容（判断の尊重） 過程・結果の明快性	① 経過や結果が明快である。 ② やり直しが容易である。 ③ 繰り返し行うことができる。 ④ 原因がある程度考えられる。 ⑤ 試行錯誤が可能である。 ⑥ 見通しが持てる。
2	発展性・多様性	① 易→難，少→多，小→大，粗→細，単純→複雑などの過程・段階・種類がある。 ② 工夫の余地がある。 ③ 発想が生かされる。 ④ 道具を使用する（道具の難易度，種類など）。
3	手ごたえ	① 材料（素材）に適度の，抵抗感，めりはり，大きさ，重さ，柔軟性などがある。 ② 働きかけに応じる。 ③ 道具を使用する（道具の操作性）。 ④ 動作（全身，手腕，手指，足など）を伴う。 ⑤ 小さな力から大きな力まで対応できる。
4	主体的活動場面 課題解決場面	① 任せられる場面，判断を求められる場面，一人でやらざるを得ない状況などが確保される。 ② 支援を受けながら，自分で考え，判断し，工夫できる内容が多く含まれる。 ③ 単純なことを繰り返す内容が含まれない。 ④ 指示されたことを，指示どおりに展開する内容でない。 ⑤ 簡単すぎたり，難しすぎたり，時間がかかりすぎる内容でない。
5	人とのかかわりと表現 （共同性とコミュニケーション）	① 相談・協力・報告・質問・発表など，表現する場が多く設定できる。
6	複雑な扱いへの対応 正確さの不問	① 落としたり，投げたりしても壊れない。 ② 誤差が許容される。
7	成就感・責任感	① 一人で責任を持って行う内容が多く含まれる。
8	活動量の保証	① やり方の説明にあまり時間を要しない。 ② 待つ時間が少ない。 ③ 入手が容易で，身近な素材である。 ④ 要求に応じられる内容（量）がある。
9	興味・関心及び実態への対応	① 生活に密着している。 ② 経験したことがある。 ③ 発達段階や個人差・能力差に合っている。

(2) 題材の全体構造の明確化 ―粘土を例にして―

　題材（指導内容）は，学習指導要領や学校の教育目標などを踏まえて作成されるが，ややもすると，大きな目標や総合的な視点を見失い，狭義の系統性にはまりやすい。指導内容を段階的に考えることは必要だが，技術的な難易度に偏った技術主義に陥り，形式的な題材の配列となる危険をはらんでいる。発達は，段階を上るようにはいかない。行ったり，戻ったり，とどまったり，飛び越したり，複雑である。まして，感情を持つ人間なら，なおさら。
　かといって，やみくもに，その場しのぎの授業をするわけにはいかない。教育一般や教科などの土台をしっかり踏まえ，題材に根拠となる裏づけをしっかり持ちたい。例えば，粘土を例にとった場合，発達に応じた表現の特質及び学習課題，粘土の種類と特質，技法及び用具，テーマ，用途，学校の実態，目標などを網羅した全体構造を明確にする必要がある。
　表3（pp. 16-17）は，題材としての「粘土」の全体構造である。この全体構造によって，粘土の全体が把握可能となり，授業の展開及び一人一人に対する支援の見通しが持てるようになる。ただし，この表は全体構造の性格から，各論には言及していない。例えば，各学習課題に対応した支援方法，活動場所の具体的な中身など。これらは，第Ⅱ部で述べる。
　実践を積み重ね，この全体構造をよりよいものに更新していく。厳しい実践と見直しの過程を積み重ねてこそ，この全体構造が借り着でなく，自分のものとして着こなせるのではないだろうか。

3　子どもの全体像と学習課題の把握

(1) 子どもの全般的な実態の把握

　いかなる教科・領域の，いかなる題材・単元の展開であっても，対象となる子どもの全体像の把握は欠かせない。
　ただし，いくら心理学的な検査をしても，その結果は一面にすぎないことを自覚しなければならない。まして，さまざまな検査を駆使して数値化され，表が細かく埋まると，実態把握できたかのような錯覚に陥りやすい。かといって，根拠のない教師の感覚的な把握でも困る。
　実態把握に必要な観点を吟味し，参考となる検査があれば導入し，長いスパーンで変化を見る。教師一人一人の感受性や考え方などが違うからこそ，教師集団で実態を吟味し，課題

表3 題材としての「粘土」の全体構造

精神年齢(MA)	1	2	3	4	5	6	7	8	9	10	11	12
表現の特質	・いじる,こねる。		・痕跡からイメージする。	・一部だが,イメージに添って大まかに作る。		・イメージに添って,大まかに作る。		・比較的細かく,写実的に作る。		・立体的で,やや複雑なものを作る。		
学習課題	・じっくり操作する。 ・いろいろなものに触れる。			・言葉とからませ,イメージをはっきりさせる。 ・すすんで模倣する。			・経験したこと,見たこと,聞いたこと,知っていることを表す。 ・並べたり,組み合わせる。			・見ながら,似せて作る。 ・立体化,複雑化に伴う表現技術を身につける。		
素材など	砂　土　紙粘土　油粘土　小麦粉粘土　土粘土　プラスチック粘土　金属色粘土　パン粘土　描画粘土 造花用粘土　石けん　軟石　木　石こう　セメント　ソフトレンガ　熱硬化粘土 素焼き　楽焼き　本焼き　七宝焼き											
主題(テーマ)	――粘土で遊ぶ―――――――――――――――――――自分がイメージしたテーマに添って作る(課題制作)											
	痕跡(操作)　痕跡(見立て)　お菓子　お母さん　お父さん　器　顔　人形　おもちゃ　動物　道具 　　　　　　　　　　　　　　　　　　　　　　　　　先生　身体部位　果物　野菜　自然 　　　　　　　　　　　　　　　　　　　　　　花　友達　乗り物　建物　ブローチ　行事 自　由　制　作　　　　　　　　　　　　　　　　　　　　　　　　　箸置き　土鈴　楽器											
技法	いじる　握る　つかむ　丸める　ちぎる　のばす　つぶす　たたく　穴あける　積む　ぶつける けしとばす　切る　つなぐ　削る　かき回す　踏みつぶす　えぐる　触る　押す　刺す 転がす　ひっかく　埋める　吊るす　投げる　ねじる　付ける　つまむ　くるむ　曲げる　型押し へこませる　なでる　こねる　突く　引っ張る　塗る　たたむ　巻き上げる　輪積み　型押し 貼る　板づくり　手びねり　ひもづくり　ろくろづくり　泥しょう流し込み 型抜き											

第Ⅰ部　造形教育の授業の基礎

用具	作業板（粘土板）　粘土ベラ　割り箸　つまようじ　スプーン　ナイフ　細い丸棒　太い丸棒（のべ棒）　鉛筆　糸　針金　水　タオル・ぞうきん　スコップ　布　ネジ　シャベル　縄　紙類　針　ポリ袋　ジョウロ　ふるい　シート　どろんこプレート　木製ペン　木くず　ろくろ　ひも類　バケツ　ゴム　空き缶　筆　豆類　空きびん　びんのふた　ストロー　フォーク　包丁　はさみ　竹ひご　なめし皮　やすり　パイプ　小石　芯材　ザル　ぼたん　貝殻　木の枝　アルミホイル　定規　角材　彫刻たがね　こて　バット　洗面器　カンナ　釉薬　各種金具　ペンチ　ニードル　のこ　彫刻工具　絵の具　木の実　歯ブラシ　ドライバー　木づち　針先ペン　スタッフ　ニス　パレット　たたら板　げんのう　さん板　ワイヤー　針先ペン
用途	鑑賞（置き物・壁掛け）　遊び　実用（土鈴・花びん・食器・灰皿・箸置き・傘立て・楽器）
粘土素材の特質	・可塑性があって働きかけるままに変化し、子どもの心を強くひきつける。・触覚（体性感覚）の働きを高める。
造形活動の特質	・素材や道具を操作し、体性感覚を養い、主体的な表現能力をはぐくむことで、意欲を高め、豊かでたくましく生きる人間を育成する。・主体的な活動を重視し、発展的、総合的、ダイナミックに展開する。
配慮事項	・表現技術の習得に偏ることでない。
学校の実態　施設・設備	地域や学校の環境　活動場所　設備　学校予算
学校の実態　児童・生徒	障害特性　興味・関心　生活環境　在籍数
学校の実態　教師	専門性及び専門分野　研究意欲　指導形態　組織　外部との連携
学校の実態　学習指導要領	表現の喜び（図画工作：小学部）　豊かな情操（美術：中学部・高等部）
目標　本校教育目標（弘前大学教育学部附属養護学校）	社会的に自立できる人をつくる
目標　学習指導要領（総則）	自ら考え、主体的に判断し、行動する力の育成（自ら学ぶ意欲と変化への対応、基礎基本の重視、個性尊重）

表4　実態調査表

学年	中学部1年		生年月日	S.51.12.24.	主障害	精神発達遅滞	記入者	成田　孝
氏名	No.4　A・K		性別	男・女			記入年月日	H元.9.6.
医学所見	神経：精神科		内科	整形外科	眼科 視力右0.9 左0.7	耳鼻科	その他	

内容		学年・所見	小5年（10歳）	小6年（11歳）	中1年（12歳）	所見
知能検査		検査名 IQ MA 検査年月日	鈴木ビネー 66 6：10 S62.4.22.	田中ビネー 63 7：10 H元.5.29.		小1（S58.4.19.）　IQ63　MA4：00 小3（S60.4.27.）　IQ60+α　MA5：00　動作性消極的 小5（S62.4.22.）　意欲的。ひも結びの方法わからず。
諸検査	狩野式運動能検査	平衡機能 全身協応 手指機能 分離模倣 MOA・MOQ CA・検査年月日	4（40%） 13（92.9%） 5（45.5%） 7（70%） 6：04　MOQ61.3 CA10：04　S62.4.17.	4（40%） 13（81.3%） 4.5（34.6%） 5.5（45.8%） 6：00　MOQ52.9 CA11：4　S63.4.15.	5（35.7%） 15（68.2%） 8（50%） 4.5（32.1%） 6：11　MOQ55.7 CA12：4　H元.4.20.	
	フロスティグ視知覚発達検査	Ⅰ　視覚と運動の協応 Ⅱ　図形と素地 Ⅲ　形の恒常性 Ⅳ　空間における位置 Ⅴ　空間関係 検査年月日		18（7：06） 19.8：02） 13（7：00） 4（4：07） 7（7：04）		Ⅰ　視覚と運動の協応　9　13 Ⅱ　図形と素地　9　19 Ⅲ　形の恒常性　0　4 Ⅳ　空間における位置　0　8 Ⅴ　空間関係　0　5 （S59）　（S61）　S63（小6）は「Ⅳ空間における位置」劣る
	バウムテスト	検査年月日			・イメージの豊かさ ・安定性 ・自我の縮小 H元.9.19.	
	SIA創造性検査	検査年月日		H元.12.19.		テスト1～6とも、詳しく見ると微妙に違ったりする場合もあるが、質的な差異はない。各テストとも実質的に一種類の絵。創造性（着眼力、発想力、構成力、思考の速さ・広さ・独自さ・深さ）全般が極めて低い。

第Ⅰ部　造形教育の授業の基礎

大項目	小項目	内容
ADL		ほぼ自立。シャツのはみだしや、襟を直すには声がけを要する。
身体機能	感覚運動	プロスティック視知覚発達検査は、「Ⅳ空間における位置」が劣る。視線の変動大きいが、話は聞ける。
	微細運動	道具類は使えるが、大まかな使い方である。
	粗大運動	猫背。手足がまっすぐに伸びない。歩行時、重心の上下動がやや大きい。
表現	興味・関心	粘土に興味があるらしく、よく「やろう」と話しかけてくる。粘土へのかかわりが浅く、素材に十分溶け込んでいるとは言えない。
	主題	1 操作(形・痕跡)　2 見立て(形・痕跡)　③ ○のひっかき模様を「目玉焼き」と話す程度。明快な形になりにくい。手足のついた人物はおおよそ正確3 食べ物　4 知人　5 TV関係　6 動物　7 自然　8 道具・器物　9 ユーモア　10 植物　11 そのほか
	発達段階	Ⅰ 形にならない、いじくるだけ。② Ⅱ 形にならないが、痕跡からイメージできる。Ⅲ イメージに添って大まかに作れる。Ⅳ 写実的に作れる。
	ダイナミズム	粘土は床でも好んでやっているが、力いっぱいの思い切った活動には至っていない。軽くたたいたり、ひっかいたりする程度。
	認知力	大まかな形からハンバーガーをイメージしたり、○のひっかき模様を「目玉焼き」と話す程度で。明快な形になりにくい。手足のついた人物はおおよそ正確に描くことができる。
	イメージ	食べ物が中心で、感情表現にも乏しい。大まかな形から簡単なものはイメージできる。
	所見	知的レベルの割には幼稚なものが多く、レパートリーもない。ダイナミックな動きや集中力に欠ける。表現意欲は多くある。
性格行動の特徴	集団参加能力(情緒の安定・対人関係)	・陽気で話し好き。調子に乗り過ぎたり、気分に左右されることもある。・生徒同士より、教師とのかかわりを好む傾向がある。活発な生徒よりも、おとなしい生徒とかかわることが多い。
	指示理解	・言語活動が活発で、日常のコミュニケーションにはほぼ発で知的レベル相応だが、話すことは発で知的レベル相応だが、レパートリーも少なく、食べ物が中心でいる。返事はしても指示をきちんと理解していないこともある。
	言語活動・コミュニケーション能力	・漢字や片仮名までの文を読んだり、話すことは発で知的レベル相応だが、レパートリーも少なく、食べ物が中心である。
総合所見		・粘土の造形表現は簡単な形が多く、レパートリーも少なく、食べ物が中心である。・失敗を恐れたりせず、自分が感じたことなどを素早く積極的に、結果を考えず、自信を持ってじっくり表現していくことが必要である。

19

表5 対象生徒の

No.	氏名	学年	主な障害	知能検査(田中ビネー)		フロスティッグ視知覚発達検査					狩野式運動能検査 MOA	視力	
				MA	IQ	Ⅰ	Ⅱ	Ⅲ	Ⅳ	Ⅴ		右	左
1	T・K	中1	ダウン症 難聴(軽度)	6:02	48	5:03	5:08	2:09	5:01	3:08	5:04	0.5	0.6
2	S・M	中1	てんかん	3:11	31	5:06	4:03	2:09	2:08	4:00	4:10	0.8	0.4
3	Y・S	中1		6:04	51	5:03	4:01	4:00	4:07	5:03	5:05	0.2 乱・遠視	0.2
4	A・K	中1		7:10	63	8:00	7:06	2:09	8:00	7:04	6:11	0.7	0.9
5	K・Y	中1		3:01	26	4:06	3:07	2:09	2:00	3:08	4:01未満	0.6	0.6
6	N・K	中1	てんかん 脳性麻痺	7:00	55	8:08	8:06	4:06	4:07	5:09	7:03	1.0	1.0
7	K・J	中1		5:03	42	9:04	8:06	6:07	5:08	7:04	6:04	0.3	0.2
8	T・S	中2	てんかん	8:00	57	7:06	5:03	5:08	5:08	6:06	8:03	0.5	0.5
9	N・Y	中2	てんかん	5:06	41	5:03	8:06	4:06	6:06	8:00	8:01	1.0	1.0
10	S・T	中2	てんかん スタージ・ウェバー症	6:06	49	9:04	8:06	5:03	6:06	8:00	7:07	1.0 左緑内障	1.0
11	M・Y	中2	ダウン症 難聴(中度)	5:10	43	7:00	8:06	5:03	5:08	7:04	6:02	0.2 軽眼振	0.1
12	K・M	中2	自閉的傾向	6:02	46	9:04	6:10	3:06	6:06	7:04	7:9.5	0.3	0.4
13	T・K	中2	言語(構音) 先天性股関節脱臼	7:08	58	9:04	8:06	7:00	8:00	7:04	5:08	0.2	0.4
14	S・M	中3	ダウン症	3:06	23	6:06	7:06	3:06	4:00	5:09	5:00	0.2	0.1
15	N・M	中3	ダウン症	3:08	26	4:09	5:05	3:03	2:08	4:00	5:06	0.3	0.4
16	K・Y	中3	言語(構音) 骨発達遅延	4:06	31	5:06	5:11	3:03	4:00	3:08	6:08	0.1	0.1
17	K・Y	中3	ダウン症	3:10	26	9:04	4:01	3:06	5:01	4:10	6:08	0.6	0.5
18	K・Y	中3	自閉症	4:08	33	9:04	6:10	4:03	2:08	7:04	6:07	1.0	1.0
			平均	5:06	42	7:02	6:07	4:02	5:00	5:11	6:04	0.5	0.5

フロスティッグ視知覚発達検査(Ⅰ:視覚と運動の協応, Ⅱ:図形と素地, Ⅲ:形の恒常性, Ⅳ:空間における位置, Ⅴ:空間関係)

全般的な実態

性格・行動	ことば	そのほか
感情が豊か 頑固　対人関係に難	日常会話にほぼ支障ないが、緊張すると吃音 平仮名の書字可	教師とのかかわりを好む　歌が好き 鼻水が常時出る
ちゃめっ気 無口	読み書きほぼ可	運動を好む
明るく積極的 身の回りにむとんちゃく	日常会話スムーズ 書字苦手(一文やっと)	
陽気で話し好き	日常会話スムーズ 漢字・片仮名まじりの読み可	教師とのかかわりを好む 猫背
話をよく聞き反応早い やや情緒不安定　身辺処理に難	話をよく聞き反応するが対応不十分 読み書き不可	運動を好む 肥満度34
意欲的 大きく落胆することあり	日常会話は支障ないが発音不明瞭 間違った発音のまま書くことあり	体力なく疲れやすい
やさしい　人前が苦手 身辺処理は可	友人には大声だが、緊張場面では無口 思ったことを素直に書けない	肥満度78
気が利く 素直な表現が苦手	簡単な手紙の読み書き可	運動・手伝いを好む
やさしい　活発 整理整頓が雑	日常会話活発 読み書き苦手	運動を好む
行動がゆったり 手先が器用	日常会話スムーズ 書写苦手	教師とのかかわりを好む 肥満度32
明るくひょうきん　手先が器用 行動にムラがある	感情表現が豊か 平仮名・片仮名の書写可	ダンス・音楽を好む　リズム感よい 教師とのかかわりを好む
手先が器用 集中力に難　固執・パニック傾向	漢字の読み書き多少可 会話がぎこちない　独り言が多い	教師とのかかわりを好む
やさしい　努力家 めんどう見がよい	漢字使用が多少可 発音不明瞭で伝達に難(鼻咽腔閉鎖不全症)	教師とのかかわりを好む 運動が苦手(股関節脱臼)
ひょうきん　頑固 異性への関心が大	特定の人とは大声出すが、人前では声低く 会話に消極的	教師とのかかわりを好む 肥満度43
意欲的　調子に乗りやすい 感情の起伏が大	早口で発音不明瞭のため確認が必要	運動を好む 肥満度41
緊張場面で委縮傾向 泣きやすい　考える姿勢に難	パターン化した活動は受け答えが可 感情表現が苦手	運動を好むがぎこちない
明るく活発 頑固	2語分程度の会話可 発音やや不明瞭	男子教師とのかかわりを好む 気が散りやすい
手先が器用　身辺処理は可 音に過敏	エコラリア多い	人とのかかわりが少ない 勝手に判断し、行動することがある

を探ることが求められる。

　全般的な実態の把握に必要な主な観点を，医学所見・知的及び視知覚レベル・身体機能・コミュニケーション能力・表現力・性格行動の特徴・総合所見とした。

　まず，「実態調査表」で子ども一人一人の実態を把握する（表4：pp.18-19）。次に，対象集団の子どもの実態を表にまとめる（表5：pp.20-21）。そして，表5をもとに，集団の全般的な実態の把握に努める。表4及び表5は，中学部の実際例である。数値はともかく，ここに示された観点・内容・記述方法の妥当性を吟味したい。

　「表4　実態調査表」は一人一人を詳しく把握するためのもので，表5のベースにもなっている。観点は，医学所見・諸検査・ADL・身体機能・表現力・性格行動の特徴・総合所見とした。

　諸検査は，知能検査，フロスティッグ視知覚発達検査のほかに，意欲やイメージ及び人格の傾向を知る手がかりとするためのバウムテスト，創造性の手がかりのためのS-A創造性検査，粘土を操作するのに欠かせない運動機能を把握するための狩野式運動能検査を加えた。

　身体機能は，フロスティッグ視知覚発達検査，狩野式運動能検査及び日常の観察から，感覚運動・微細運動・粗大運動の三つの観点を考えた。運動・身体機能を重視するのは，造形活動，なかでも粘土による活動は，体性感覚と密接な関連があるからである。

　表現力は，記入時点での粘土に関する実態である。興味・関心，主題（テーマ），発達との対応（発達段階・認知力）はもとより，イメージやダイナミズム（思い切った動きがどれだけできるか）を重視した。表現力を考える場合，イメージやダイナミズムは，具体的にどのような形のどのような作品を作るかよりも，はるかに重要と考えている。

　性格行動の特徴は，教育における集団の教育力に照らし，対人関係やコミュニケーション能力に視点を置いた。

　総合所見は，実態の概要と題材「粘土」における学習課題のポイントを述べてある。

　「表5　対象生徒の全般的な実態」は，一人一行で収まるように，観点を精選した。観点は，主な障害及び発達レベル，造形表現に密接な関連のある視知覚発達レベル，対人関係やコミュニケーション能力に関連する性格・行動，ことば，そのほかとした。

　表5から，対象生徒の全般的な実態は次のとおりである。

　対象生徒18名の主障害は精神発達遅滞である。18名中，ダウン症5名，てんかん5名，自閉症及び自閉的傾向2名，そのほか2

表6　田中ビネー式知能検査結果

MA（精神年齢）	人数	IQ	人数
3：00～3：11	5	23～25	1
4：00～4：11	2	26～30	3
5：00～5：11	3	31～35	3
6：00～6：11	4	36～40	0
7：00～7：11	3	41～45	3
8：00	1	46～50	3
		51～55	2
		56～60	2
		61～63	1

名である。

　田中ビネー式知能検査の結果は，表6のとおりである。知能指数（IQ）は30～50台が多く，18名中13名を占める。生活年齢は12～14歳だが，精神年齢（MA）にばらつきがある。

　フロスティッグ視知覚発達検査の平均知覚年齢は，Ⅰ（視覚と運動の協応）：7歳2カ月，Ⅱ（図形と素地）：6歳7カ月，Ⅲ（形の恒常性）：4歳2カ月，Ⅳ（空間における位置）：5歳0カ月，Ⅴ（空間関係）：5歳11カ月で，Ⅲの形の恒常性とⅣの空間における位置がほかより低い。

　狩野式運動能検査の平均得点は，平衡機能4.5，全身協応10.5，手指機能7.2，分離模倣6.2で，全身協応に比べてほかが低く，なかでも平衡機能の落ち込みが目立つ。視力も，全般によくない。

　言葉によるおおよその指示理解は，ほぼ全員が可能である。ただし，発語のスムーズな生徒もいれば，発音の不明瞭な生徒，エコラリアの生徒，人前では声の出にくくなる生徒も多い。友達よりも，教師とのかかわりを好む生徒も少なくない。

(2) 形象表現力・イメージ力・表現意欲の三つの観点による造形表現の実態把握

　造形表現の発達段階は，ケルシェンシュタイナー，トムリンソン，ローダ・ケロッグ，ハーバード・リード，ルドルフ・シュタイナー，ローエンフェルド，ピアジェ，竹内清，鳥居昭美，文部科学省らの仮説によると分類はさまざまだが，大まかにまとめると，感覚的な「なぐり描き」から「図式期」を経て，「写実期」に至るとされる[6],[7]。

　図式期の名称はケルシェンシュタイナー以来定着しているが，文部科学省も採用し，国内でもよく知られる。図式期は，見たものを表現するのではなく，知っているものを表現する時期とも言われる。また，図式期の表現は，象徴的・印象的・直感的・概念的・説明的・部分的であると同時に，距離感（鳥瞰図的）がある。対象の中身や，動きの内容を表現するのではなく，存在そのものを固定的な概念で表現することに特徴がある。

　図式期は，研究者によって前図式期と図式期に分ける場合もあるが，精神年齢（MA）が3歳くらいから8～9歳くらいの期間とされる。表5（pp.20-21）の生徒は全員，図式期となる。知的障害を対象としている特別支援学校に在学する児童・生徒の多くは，この図式期に該当するものと思われる。

　造形表現の実態を把握する場合，まず，感覚的な「なぐり描き」から「図式期」を経て，「写実期」に至る表現のどの段階であるかをとらえる必要がある。これは，形をどれだけ写実的に表現できるかを判断するもので，いちおう「形象表現力」とする。

　また，造形表現の実態を把握する場合，この「形象表現力」だけでは不十分である。目の前にあるものやテーマから，どれだけイメージができるかの「イメージ力」も欠かせない。

表 7　造形表現の実態

形象表現力 \ イメージ力・表現意欲	情緒的に不安定で、集中力に欠け、イメージも乏しい。	表現意欲やイメージに乏しく、レパートリーも少ない。	表現意欲はややあるが、パターン化した表現が多い。	表現意欲はややあり、イメージも多少伴う。	意欲的に取り組むが、イメージを膨らませるのが苦手である。	気分に左右されることもあるが、意欲的に取り組み、イメージもやや膨らむ。	意欲的に取り組み、よく工夫し、イメージも豊かである。
H(高) 写実的な表現ができる。							
比較的細かな表現ができる。			No.12(6:02) A No.18(4:08) A				
大まかだが、特徴をとらえた表現ができる。		No.10(6:06) E		No.7(5:03)	No.8(8:00) E		
具体的な形は限定される。痕跡からイメージできる。		No.16(4:06)		No.14(3:06) D No.5(3:01)	No.4(7:10) No.2(3:11) E	No.1(6:02) D No.17(3:10) D No.15(3:08) D	No.13(7:08) E No.6(7:00) E No.3(6:04) D No.11(5:10) E No.9(5:06) E
具体的な形にならないが、痕跡からイメージできる。							
L(低) いじるだけで具体的な形にならない。							

L ──────────── イメージ力・表現意欲 ──────────── H

※No.：表5の対象生徒のナンバー、(数字)：MA（表5参照）、A：自閉症・自閉的傾向、D：ダウン症、E：てんかん

さらに、発達に遅れのある子どもたちは、主体性や行動意欲に課題を抱えている場合が少なくないので、「表現意欲」も重要な鍵となる。

以上から、造形表現の実態把握の観点を、「形象表現力」・「イメージ力」・「表現意欲」の三つとした。表7（p.24）は、対象生徒を三つの観点にそって位置づけたものである。なお、この表の「イメージ力」と「表現意欲」は同軸上に配置してあるが、本来は分けて、「形象表現力」・「イメージ力」・「表現意欲」の三つを立体的に表すことが望ましい。また、参考として、MA及び主障害名も合わせて表記した。

表4（pp.18-19）における表現力は、表7の造形表現の実態を、粘土表現に合わせてもう少し詳しく把握したものである。表4の表現力における観点の、発達段階と認知力は表7の「形象表現力」と、イメージは「イメージ力」と、興味・関心とダイナミズムは「表現意欲」と関連する。

(3) 造形表現の発達段階と学習課題

題材「土粘土」の場合、支援にあたっては、表3（p.16）の「表現の特質」と「学習課題」をベースとする。また、発達を考える場合、発達の連続性、各発達段階の質的な違い、ヴィゴツキーの発達の最近接領域の法則[8]、対象となる子どもの特性をしっかり押さえる必要がある。

加えて、授業で子どもの存在を確実なものとするためには、後述の「教師の支援の構造」及び「教師に求められる姿勢」が、教師に息づいていなければならない。さらに、題材「土粘土」に対応した具体的な支援のカードを、教師は多様に持たなければならない。これらが自分のものとして、階層的・連関的・一体的・実感的に教師の身に付いてこそ、授業がいきいきと展開できる。

題材「土粘土」への具体的な対応は、第Ⅱ部—2及び3で詳細に述べる。

4　造形教育における教師の支援の構造

子どもがそのときに持っている能力の範囲で、一見主体的に、一見楽しそうに活動したり、教師が示す流れに沿って活動したり、教師の指示に従って受け身で活動したり、待つことの多い活動は私たちが求める授業ではない。

私たちが求める授業は、子どもの一歩先の課題に、教師が力を少し貸し、集団の力を借りながら、葛藤や試行錯誤や創意工夫を積み重ね、自ら驚き、気づき、できないことができるようになり、充実感を実感できる授業である。

表8　教師の支援の構造

1　段階的支援

段階		名称	内容	
間接的支援 （高位水準）	1	静観	・活動を見守る。	
	2	発問	・問いかけて，気づくようにする。	
			確認	「それでいいのかな」など。
			観察	「みんな，何をしているかな」など。
			想起	「前はどうだったかな」など。
	3	再生	・生徒が話したことや行ったことを，そのまま繰り返して気づくようにする。	
		点検	・それでよいかを本人に点検させたり，教師がいっしょに点検して，気づくようにする。	
	4	比較	・周囲の状況や友達のやり方などを比較させたり，良い例と悪い例をやってみせたりして比較させて，気づくようにする。	
		選択	・複数の選択肢から選ばせて，気づくようにする。	
	5	修正	・望ましい言い方ややり方に気づかせたり，教えたりして修正させる。	
		説明	・名称，理由，原因，意義，ポイントなどを教える。	
		示範	・見本を見せたり，やり方をやってみせる。（部分，全体）	
直接的支援 （低位水準）	6	補助	・できないところ，言えないところ，きっかけなどを補助する。	
	7	介助	・手を添えて，いっしょにやる。	

2　共通的支援

集中	・見るとき，聞くとき，話すときに，気持ちを集中させる。
促進	・うまくとりかかれないときや，ちゅうちょしているときなどに行動を促す。
激励	・励まして，意欲を高める。
称賛	・良い点を褒め，いっしょに喜ぶ。
相談	・友達や教師に相談させて，気づくようにする。

子どもが充実感を実感し，存在を確かなものとするためには，授業の展開において，教師の具体的な支援が重要な鍵を握るのは言うまでもない。障害が多様化している子どもたちに，言語を主とする教示だけでは無理がある。多様な子どもたちに対して，基本的にいかなる支援をするか，その構造をしっかりおさえたい。

教師がいっしょにやる段階から，子どもが一人でできる段階まで，その間の段階をどのようにとらえて，どのような支援をするのかを明確にしておく必要がある。

次の段階として，明確になった支援の構造をもとに，題材に応じた具体的な支援を考え，あらゆる可能性に対応できるようにフローチャート化する。ここに至ってこそ，実際の授業で，教師が支援のカードをきることができる。

授業は，学習課題をクリアすることが目的化してはならない。学習課題のクリアが目的ならば，教師が積極的に補助や介助をすればよい。しかし，これでは，子どもの存在がない。

学習課題のクリアに向けたプロセスが重要なのである。子どもが，葛藤や試行錯誤や創意工夫を積み重ね，自らの手で解決するために，教師は最小限の支援をするのである。より間接的な支援をして，様子を見る。それでも解決しないときは，もう一歩先の間接的な支援をしてみる。必要に応じて，支援の段階を上げていく。子どもが全力で学習課題に取り組むように，子どもと教師が心のキャッチボールをしながら，いい意味で，回りくどい方法で支援していくのである。表8[9]（p.26）に，教師の支援の構造を示す。

共通的支援は，支援の各段階に共通する支援で，教室全体の雰囲気づくりに影響がある。この段階的支援と共通的支援を，個人用と集団全体用にアレンジする。同時に，各段階ごとに，言語的支援と非言語的支援の両方を，題材及び一人一人の実態に合わせて考える。

5　造形教育において教師に求められる姿勢

同じ題材と支援方法でも，教師の姿勢によって子どもの活動は主体的にも，一見主体的にも，受動的・消極的・依存的にもなる。つまり，子どもが授業に集中し，活気に満ちあふれ，いきいきした授業にもなれば，集中力に欠け，騒々しい授業や意欲に欠ける授業にもなるということである。

そこで，子どもの存在を最大限に引き出し，主体的な活動を展開するために重要な鍵を握る，教師に求められる姿勢について考えてみたい。

教師に求められる姿勢は，教室全体の雰囲気づくりにかかわるもの（解放的な雰囲気づくり），主体的な活動を促進し子どもの存在を引き出すもの（主体的な活動の促進），教師の基本的な姿勢にかかわるもの（基本的なこと）の三つに大別することができる。三つの内容を整理したのが，「表9　教師に求められる姿勢（p.28）」である。

表9　教師に求められる姿勢

No.	観点	内容
1	解放的な雰囲気づくり	① 指示・命令・禁止からの解放。 ② 自然な語りかけ。 ③ 失敗の許容(判断の尊重)・正確さの不問・下手や失敗に対する不安や恐怖心の払拭。 ④ 激励と称賛。
2	主体的な活動の促進	① 無理のない言語化，言語以外の支援の重視。 ② 自由な表現・発展性・試行錯誤・創意工夫の保証。 ③ 個々の表現の受容と理解。 ④ 多様に認める場の確保・教室外への広がり(学校全体・家庭・社会)。 ⑤ ダイナミックな活動の展開。 ⑥ 十分な時間の確保。 ⑦ 活動量の保証。 ⑧ 過不足のない，タイミングを逃さない支援と評価。 ⑨ 表現意欲の喚起，能動的表現の保証。 ⑩ 集団効果への着目。 ⑪ 結果よりも過程の重視。 ⑫ 訓練的指導の克服。 ⑬ 行動修正主義からの脱却。
3	基本的なこと	① 豊かな感受性・表現力・判断力及び共感力。 ② 子どもの存在を最大限に保証。 ③ 教師の都合よりも，子どもの都合を優先。 ④ 一斉授業の克服。 ⑤ 柔軟な教育課程の運用。 ⑥ 長期の展望。 ⑦ 子どもの問題を他人事でなく，自分の切実な問題として自覚。 ⑧ 授業のあらゆる要素に対する根拠の確立。 ⑨ 教師自身の力量に対する不足感の自覚と，不断の授業研究。

子どもたちは，教師の雰囲気，つまり，教師の姿勢に極めて敏感である。教師の人間性，授業に対する考え方や姿勢が，授業開きの瞬間から，子どもたちに見透かされていると考えなくてはならない。そのためには，表9が，頭で理解するレベルではなく，教師の体に染み付いて，無意識かつ自然に，行動として具現されるレベルでなくてはならない。

(1) 授業での解放的な雰囲気づくり

プレッシャーの中では，集中した取り組みができるわけがない。かといって，調子に乗り過ぎて，騒々しい授業になってもいけない。子ども一人一人や教室全体の雰囲気を和らげながら，安心して，授業に集中できる環境づくりが求められる。

① 指示・命令・禁止から子どもを解放する

指示や説明をあまり要しない「土粘土」のような題材を考え，かつ，指示・命令・説明を最小限に抑える。

教師が作り方を説明し，決められた時間内に，手順に沿って作品を仕上げさせていないか。指示や命令に従わせることで，受動的な人間形成に拍車をかけていないか。素材の表面的な操作にとどまっていないか。一見個性的な表現になっていないか。これらを，子どもの活動をモニターしながら，厳しくチェックする。

② 自然な語りかけを心がける

ごく自然に，生きた言葉を交わす。力強い一方的な語りかけではなく，子どもや集団の反応を確認しながら語りかける。独りよがりの，教師の演説やパフォーマンスになってはいけない。教師が大きな声で，はっきり話すことは，必ずしもよいとはかぎらない。何百人や何十人も相手に講義するわけではない。子どもとの距離に合わせて，ごく自然に語りかけ，子どもたちと心のキャッチボールを楽しみたい。その場合，家庭環境に配慮したり，子どもの発達レベルに合わせるのは当然のことである。

③ 失敗を許容し，正確さを求めず，下手や失敗に対する不安や恐怖心を取り除く

表現力に課題を抱えている子どもほど，下手や失敗に対する不安や恐怖心を強く抱えているので，払拭していかなければならない。みんな違って当然であること，失敗して上手になっていくことなどを，いろいろな方法で伝える。

また，題材にも影響されるので，「表2　発達に遅れのある子どもにおける題材の条件（p.14）」の「1　失敗の許容，過程・結果の明快性」「6　複雑な扱いへの対応，正確さの不問」

を満たす題材を選定する。

「1 失敗の許容，過程・結果の明快性」では，経過や結果が明快である，やり直しが容易である，繰り返し行える，失敗の原因が考えやすい，試行錯誤が可能である，見通しが持てる，ことを条件とした。

「6 複雑な扱いへの対応，正確さの不問」では，落としたり投げたりしても壊れない，誤差が許される，の2点を条件に挙げた。これらの条件を満たす題材として，絵画や版画などよりも，土粘土がはるかに適している。

④ 激励と称賛を忘れない

激励と称賛は，子ども一人一人に対してはもちろん，教室全体の表現意欲を喚起するのに欠かせない。激励と称賛は，タイミングが重要である。子どもが何かに気づいたり，驚いたり，葛藤したりしているのを確実に把握したい。子どもが教師や仲間に伝えたいタイミングと合ってこそ効果がある。

(2) 子どもの主体的な活動の促進

子どもの存在をつくるということは，子どもが活動に集中し，いかに主体的に活動するかである。そのための条件として，次の13項目を挙げたい（表9：p.28参照）。

また，主体的活動を促進するためには，表2（p.14）で述べた，「4 主体的活動場面，課題解決場面」の確保される題材の選定が前提となる。

つまり，以下の条件を満たす題材が求められる。
・任せられる場面，判断を求められる場面，一人でやらざるを得ない状況が確保される題材であること。
・支援を受けながら，自分で考え，判断し，工夫できる内容が多く含まれる題材であること。
・単純なことを繰り返す内容が含まれない題材であること。
・指示されたことを，指示どおりに展開する内容の題材でないこと。
・簡単すぎたり，難しすぎたり，時間がかかりすぎる内容でないこと。

① 子どもには言語化を強要せずに，言語以外の支援も大切にする

事前に何を作るかを聞いたり，図面に書かせたり，完成後に自己評価させる言語化には慎重でありたい。また，できた作品が一目瞭然な場合，「これ，何？」と尋ねるのも失礼である。「これ，なんて書いておこうか？」などと聞くと，スムーズに答えやすい。

本来，非言語で，共通感覚や体性感覚に基づく造形活動に，言語を介入させすぎてはいけない。教育現場では，言語にウエイトを置き過ぎていないか，検証が必要である。雰囲気，

第 I 部　造形教育の授業の基礎

まなざし，うなずき，驚嘆や感嘆などの短い言葉を，もっと重視すべきである。

②　子どもの自由な表現・発展性・試行錯誤・創意工夫を保証する。

表2（p.14）で述べた，「2　発展性・多様性」を満たす題材が前提となる。
つまり，
- 簡単なものから難しいもの，少ないものから多いもの，小さなものから大きなもの，粗いものから細かいもの，単純なものから複雑なものが含まれる題材であること。
- 工夫の余地が十分確保できる題材であること。
- 発想が生かされる題材であること。
- 道具を使用できる題材であること。

これらの条件を満たす題材で授業を展開し，自由な表現を奨励する。さらに，発展のヒントを与えたり，少しでも見られる創意工夫を，本人に伝わる方法で確実に評価する。試行錯誤も，長いスパーンで，じっくり見守る。

③　子どもの表現を受容し，理解する

そのつど，必ず「おお，いいね！」などと伝え，いかなる表現でも受容し，安心感を持たせる。

④　子どもの活動の成果を多様に認める場を多く確保し，教室外（学校全体・家庭・社会）への広がりを図る

授業の過程や整理での評価は当然だが，教室及び学校内外での作品展示，作品集などの刊行も，子どもの活動を認める場として大切である。子どもの活動の成果が，子ども自身・友達・教師・保護者・市民などに伝えられていくことが，子どもの将来にわたって支えとなる。同時に，作品展の開催や，作品集の刊行を通して，教師自身が再発見したり，他人の評価から学ぶことも多い。

⑤　子どものダイナミックな活動を引き出す

活動の場を，教室の小さな机に限定する必要はない。大きく安定した机，床や教室以外の場所も考えられる。

子どものダイナミックな活動を引き出すためには，表2（p.14）を満たす題材を採り入れるとともに，主体的な活動が展開される支援方法及び教師の姿勢が事前に検討されていなければならない。

つまり，緻密な計画，用意周到な準備が教師自身にあってこそ，大胆かつダイナミックな活動が生まれる。いや，緻密な計画，用意周到な準備をしたら，教師はそれらをいったんの

み込んで，刻々と変化するその場の雰囲気や状況を大切にしながら，活動を柔軟に展開しなければならない。

　ただし，ダイナミックな活動とは，教師による大がかりなしかけや，教師が目立つパフォーマンスを指すのではない。子どもが委縮することなく，自信と誇りを持って，大胆かつ夢中になって，自分の表現に挑戦する姿を指すのは言うまでもない。

⑥　子どもに活動の時間を十分に確保する

　教育課程に，造形活動を教科として，しっかり位置づける必要がある。じっくり取り組むためには，生活単元学習や総合学習における造形学習では限界がある。せっかく教科としての時間を確保しても，学習の効果が発揮できない学習集団の大きさになっていないか，教師の持ち時間数の調整などで集団の人数を決めていないか，つまり，子どもの都合より教師の都合が優先された学習集団となっていないか，検討する必要がある。

⑦　子どもに十分な活動量を保証する

　まず，表2（p.14）で述べた，「8　活動量の保証」が前提となる。つまり，作り方の説明に時間を要しない，待つ時間が少ない，入手が容易で身近な素材である，量の確保が可能である，これらを満たす素材として，土粘土に勝るものはないだろう。

　どんなにすぐれた題材でも，子どもが慣れるのに時間を要する。慣れて子どもの力が発揮されるには，さらに時間を必要とする。ゆえに，すぐれた題材を厳選し，じっくり取り組ませることが大切となる。

　そして，毎年継続する。さらに，興味・関心の高い子どものために，クラブ活動や部活動としても展開する。在学中に，何時間活動させたらよいか，その配当時間を通して，最終的にどのような子どもの姿を期待するかを，しっかりイメージしたい。

⑧　過不足のない支援と評価を，タイミングを逃さずに行う

　いかに支援方法を構造化したとしても，そのカードのきり方がポイントとなる。見守る状況か，支援が必要な状況かは，教師が判断するしかない。見守るべき状況のときに支援したり，反対に，支援の必要なときに見守ったりすると，結果的に子どもの主体的な活動を阻害することになる。

　子どもの心の動きを的確に判断できれば，おのずと支援と評価のタイミングは合うはずである。

⑨　子どもの表現意欲を喚起し，能動的な表現を保証する

　いかなる表現も，大切でいとおしく思える教師でありたい。そして，思うだけでなく，教

師の気持ちを，さまざまな方法で伝える。そうすると，子どもは，安心して表現活動に取り組むとともに，表現意欲も高まる。

⑩ 集団の教育力に着目する

授業は集団で行われる以上，集団の教育力に着目したい。「大阪府立豊中養護学校の研究報告」（註9－①）では，集団指導の原理として，次の4点を考慮する必要があると述べている。

・見物効果—行動を他者に見られるときの効果
・共動作効果—他者といっしょに学習している場合の効果
・観察学習—他人の学習を観察することによって得られる効果
・ピグマリオン効果—教師が子どもに対して抱く期待効果

自然に生ずる効果もあるが，これらの効果を各活動場面で，教師が自然かつ意図的に演出することが求められる。

また，みんなの前で認めたり，友達の感想を聞いたり，発想のヒントを共有したり，集団の力を活用する。

⑪ 結果よりも過程を重視する

造形活動にありがちな欠点として，教師が作品の制作を強制したり，完成した作品のみで判断することが挙げられる。作品づくりが目的化してはいけない。どんな作品を作ったかよりも，その子どもなりの方法で，どれだけ素材と密接にかかわったかが問われるべきである。

土粘土の場合，初期段階では，土粘土を思い切りたたいたり，切ったり，ひっかいたり，ちぎったり，丸めたり，においを確かめたりなどの活動が，半端に作品を作るよりも，はるかに大切である。

⑫ 子どもを訓練的に指導しない

教師の考えたプログラムにそって，受動的・訓練的に活動させるのは意味がない。工業製品は，いくつもの工程を経て，同じ製品が完成する。教師が作り方を説明し，子どもが教師の説明どおりに作らされるならば，作品が一見個性的で差異があるものの，工業製品と本質的に同じである。子どもをロボットにしてはいけない。

⑬ 行動修正主義から脱却する

行動修正主義からの脱却は，前項の訓練的指導の克服と本質的に同じである。教師が期待する行動と違う行動を子どもがとった場合，好ましくない行動と決めつけ，そのつど行動を修正するのでは，子どもの主体的な活動がはぐくまれない。人間の行動は，試行錯誤や失敗

がつきものである。いちいち修正されては，表現意欲を喪失する。

(3) 造形教育における教師の基本的な姿勢

① 教師の豊かな感受性・表現力・判断力及び共感力を高める

いかにすぐれた支援方法を準備しても，授業の各場面でどのような支援をするかは，教師の感受性・表現力・判断力及び共感力で決まる。

授業研究（会）では，支援論にとどまらず，具体的な支援を講じた背景，つまり，そのときの教師の感受性・表現力・判断力及び共感力への考察が求められる。

感受性・表現力・判断力及び共感力は，授業における教師の命であり，その教師が存在する証でもあり，授業を大きく左右する。だからこそ，授業での具体的な事実を通して，教師の感受性・表現力・判断力及び共感力を吟味し，高めていかなければならない。

② 子どもの存在を最大限に保証する

授業の時間を，一人の子どもにだけ割くわけにはいかない。また，付きっきりで支援することが必ずしもよいとは言えない。遠くから見守ることも，積極的な支援方法である。子どもの存在を最大限に保証するためには，子ども一人一人の学習課題を把握し，支援方法を準備し，タイミングを逃さずに支援する。教師は，子ども一人一人の本時のねらいを達成し，年輪のごとく積み重ね，成長を確かなものにしていく責任がある。

③ 教師の都合よりも，子どもの都合を優先する

教師が意識するかしないかにかかわらず，教師はややもすると，施設・設備・専門的知識や技能・予算などを，その題材を採り上げない理由にあげがちである。すぐれた題材と判断したら，物理的なことは有限であるが，実現に向けた改善は教師の努力によって可能なはずである。また，活動に夢中になっているときに，チャイムが鳴ったという理由だけで打ち切るのは，あまりにも残酷である。せっかくの学びのチャンスを奪うことになる。

④ 一斉授業を克服する

大学の講義と違い，多様な子どもを対象にする授業では，教師主導の一斉授業はなじまない。教師がやり方を説明し，あとは子どもたちのやり方に委ねるなら，一斉授業でもよいかもしれない。しかし，実態や学習課題の異なる子ども一人一人に対して，授業での存在を確実なものとするには，一斉授業では困難である。

第Ⅰ部　造形教育の授業の基礎

⑤　教育課程の柔軟な運用を図る

　少人数の特別支援学校では，通常学級よりも教育課程の柔軟で弾力的な運用が可能なはずである。子どもが学習に集中しなければ，早めに切り替えたり，逆に，集中したら時間を延ばすことが必要である。時間割の時刻どおりに切り替えると，教師は楽だが，子どもの存在をつくる視点からすると問題が多い。教育課程が，日々，子どもにとって生きたものとなるには，教育課程の柔軟な運用に対する教師集団の共通理解が不可欠である。

⑥　長期の展望を持つ

　授業は，一コマ及び一題材で完結しなければならない理由がどこにもない。同じ題材を数年続けてみると，長いスパーンで変化するのがわかる。たった一コマの授業で，作品を作らないからといって慌てることはない。在学期間の，3年・6年・12年で勝負し，成長を確実なものとする。ここで初めて，指導の継続や引き継ぎが意味を持つ。担任が代わるたびに振り出しに戻るならば，結果的に，子どもが成長する権利を奪うことになる。

⑦　教師は子どもの問題を他人事でなく，自分の切実な問題として自覚する

　子どもの問題を他人事でなく，自分の切実な問題として受け止められる教師でありたい。その場の一過性の問題として受け止めるのではなく，継続して受け止めたい。それは，教師にとっては厳しいことである。しかし，教師という職業は子どもとまともに向かい合う以上，本来，相当厳しいはずである。誠実な教師かどうかが試される。その場しのぎの対応しかしない教師は，論外である。

⑧　授業のあらゆる要素に根拠を持つ

　今まで述べてきた，題材，支援方法，教師の姿勢に対する根拠はもちろん，道具や座席の配置，教師の位置，机や椅子（大きさ・高さ・材質）など，授業のあらゆる要素に対して，明確な根拠を持たなければならない。そして，授業の評価の結果，根拠の修正が必要と判断すれば，当然変える。これを繰り返し，質の高い授業を追求する。

⑨　教師が自らの力量に対する不足感を自覚し，不断の授業研究に努める

　教師としての力量が十分備わっている，と公言する教師はいない。しかし，校内外の研修会や研究会及び教師一人一人の業績を見渡すと，一部を除いて，研修と研究が活発に展開されているとは言えまい。

　教師として，自分の力量に対する不足感が頭の中だけでなく，切実な問題として実感されていれば，必死になって研修と研究を深めていくはずだし，また，深めていかなければならない。

ささき　ひではる
「無題」H30.0 cm

ささき　ひではる
「無題」H33.5 cm

第Ⅱ部

造形教育としての土粘土の授業

1 主な粘土（土粘土・油粘土・紙粘土）の比較と土粘土の有効性

(1) 主な粘土素材（土粘土・油粘土・紙粘土）の特徴

学校現場で主に使われる粘土の成分や長所及び欠点は，表10のとおりである。

表10　主な粘土の比較

観点＼種類	土粘土	油粘土	紙粘土
成分	長石質の風化・分解（珪酸，酸化アルミニウムほか）	酸化亜鉛，硫黄，ろう，粘土，油（動・植物性，鉱物性）	パルプ，軽石，白石，粘土，接着剤
長所	・働きかけに対する素直な反応（真の可塑性，適度な重量感） ・水加減で硬さの調整可能（水の感触） ・手になじみやすい ・どろんこ遊びから焼成まで可能	・縮まない（芯材利用可能） ・手や教室が汚れにくい ・後片づけ，再利用簡単 ・型抜き容易	・収縮小さい（芯材利用可能） ・着色可能 ・乾燥後落としても割れにくい ・軽い
欠点	・手や活動場所が汚れる ・乾燥しやすく収縮も大きい ・芯材利用不可能	・働きかけに素直に反応しにくい（油っぽい，弾力がある，硬い，くっつきにくい）	・働きかけに素直に反応しにくい（べとつく，パルプの繊維が絡まって切ったりひっかきにくい）
価格	安い（1kg 150～220円程度）	高い（1kg 420円程度）	安い（1kg 240円程度）
包装単位	1kg, 5kg, 20～25kg	1kg	500g, 1kg

　教師にとって土粘土は，大変やっかいな素材である。経費がかかり，教室や衣類が汚れ，準備・後片づけ・保管・焼成に労力を要し，ひととおりの知識と技術と経験が求められる。
　しかし，制作する当事者である子ども側からすると，土粘土は，よく手になじみ，思い切りたたいても，軽く押しても，ひっかいたりくっつけたりしても，働きかけるままに変化する。土のぬくもり，ほどよい重量感もある。水加減によって，硬さの調整も容易である。（p. 45-46「1 -(3)土粘土の長所」参照）

子どもの側からすると、土粘土は、非常に優れた素材であることを否定する教師はいないのに、現場で活発に展開されない理由として、教師に大きな労力を強いることが考えられる。

　油粘土は、手や活動場所が汚れにくく、焼成の必要もない。収縮もなく、簡単に再利用できる。水との反発を利用し、石膏で型をとるなどには適している。しかし、操作してみると、油っぽく、なんともいやな感触がある。さらに、硬く弾力的な性質は、働きかけに対して素直に変化しにくい。くっつけても、くっつきにくい。

　紙粘土は収縮が少ないので、ガラス瓶などの芯材が利用でき、着色も可能である。焼成の必要もない。ところが、操作してみると、成分の一つである接着剤や岩石の粉末が、手にべとつきなじまない。ひっかいたり、切ったりしても、成分の一つである繊維が絡まり、スムーズにいかない。

　このように、油粘土と紙粘土は、教師の労力をあまり必要としないが、子どもにとっては扱いにくい素材である。石膏で型をとる、ガラス瓶を利用して花瓶を作るなどの作品制作自体が目的なら、油粘土や紙粘土でもよい。しかし、身体を使って素材を感覚的に操作し、能動的に自己の行為を決定していくという造形活動の意義を考えると、結果としての作品よりも、過程でいかに子どもが主体的な活動を展開できたかが問われるべきである。

　子どもの都合を考えると、教師にとってはやっかいな素材である「土粘土」を、積極的に展開したい。素材「土粘土」の重要性を、以下、実証的に論考する。

(2)　主な粘土素材（土粘土・油粘土・紙粘土）と子どもの表現の関係

　3種類の粘土（土粘土、油粘土、紙粘土）の特性を確かめるとともに、素材による違いを明らかにするために、中学部の生徒を対象に「土粘土」を数回実施した後、「油粘土」、「紙粘土」、「土粘土・油粘土・紙粘土からの自由選択」の順で実施した。

　各授業の導入時における、全体に対する指導事項は次のとおりである。
- 土　粘　土（7/11・18）：前回の作品を見せ、大きく作ることや、ヘビなどを作ることを促す。
- 油　粘　土（10/ 4）：くっつかないときは、割り箸を使ってもよい。
- 紙　粘　土（10/16）：空き瓶、フィルム缶、木ぎれ、紐を自由に使ってよい。
- 自由選択（10/25）：粘土や道具類は、好きなものを使ってよい。
- 土　粘　土（12/ 6）：イメージが豊かな友達の作品を、参考に見せる。

　粘土の量は、「油粘土」と「紙粘土」は一般的な1kgとし、「土粘土」はある程度の量を用意した。テーマは限定せず、思い切って自由に作らせた。次の略案は、「油粘土」のときのものである。「紙粘土」、「土粘土・油粘土・紙粘土からの自由選択」の略案も、資料・教具などに若干の相違はあるものの、基本的には同じである。

中学部　美術科学習指導案（略案）

　　　　　　　　　　　　　　　　日　　時　平成○年○月○日（○）10：40〜12：00
　　　　　　　　　　　　　　　　場　　所　機能訓練室（中学部棟2階）
　　　　　　　　　　　　　　　　対　　象　第2班生徒9名（学年・男女混合グループ）
　　　　　　　　　　　　　　　　指導者　　成田　　孝（T1），○○○○○（T2）

1　題材名　「油粘土」
2　本時の学習
 (1)　主題名　「思い切り作ろう」
 (2)　目　標　①　力を込めて，思い切り粘土を操作することができる。
　　　　　　　②　自分なりのイメージを持つことができる。
 (3)　学習過程

指導事項	学習活動	指導上の留意点	時間	資料・教具
学習内容の確認	・今までと違う「油粘土」を使って，好きなものを作ることを知る。	・今までに作った作品を具体的にあげながら，褒め，自信と意欲を持たせるとともに，作る手がかりにさせる。	5分	エプロン
制　作	・油粘土を袋から出す。 ・油粘土を軟らかくする。 ・作りたいものを自由に作る。	・できるだけ一人でやらせる。 ・床や机にたたきつけたり，のべ棒や素手で力いっぱいたたかせる。 ・パターン化した表現には，模様つけを働きかけたりして，変化を促す。 ・はっきりした形になりにくい生徒には，イメージを確かめるとともに，顔やヘビや菓子類など，作れそうなテーマを示してみたり，作ってみせたりする。 ・テーマを決めかねている生徒には，自信を持たせるような言葉がけをするとともに，作りたいものを聞き出したり，作れそうなテーマを示してみる。 ・気持ちの高まりを訴えたいときや，手助けしてほしいときなどを見極めて対応する。	55分	油粘土 のべ棒 粘土ベラ 切り糸 木ペン 金具
発　表 後片づけ 次週の確認	・何を作ったか発表する。 ・作品や道具を片づける。	・うまく言えない生徒には援助するとともに，少しでも見られる良い点を確かめ，自信を持たせる。 ・油粘土に対する感想を聞く。 ・自分で使ったものはできるだけ自分で片づけさせるとともに，協力して素早くやらせる。 ・次回も新しい粘土をやることを予告し，期待を抱かせる。 ・石けんでよく手を洗うように指示する。	20分	作品 ぞうきん 洗浄液

 (4)　評　価　①　身体全体や手指を十分に動かすことができたか。
　　　　　　　②　操作した粘土の塊や形に，自分なりのイメージを持つことができたか。

① 土粘土・油粘土・紙粘土導入時における子どもの活動の様子

土粘土，油粘土，紙粘土を導入してみると，各粘土の特性が顕著に現れた。

ア　土粘土
・手指や身体全体をダイナミックに動かす。
・喜々として，活動に集中する。
・自由自在に粘土を操作し，大きく作る。

イ　油粘土
・硬いので操作しづらく，持て余している生徒が多い。
・硬いので，糸やヘラで切ったり，ひっかいたりすることが多い。
・小さな塊で作る。
・ちぎったり，丸めたりしにくい。
・ロボットの首や，象の足などが思いどおりにくっつかず，苦労する。
・粘土が薄くのびることに，興味を示す。
・触った感触が，油っぽく，べとつく。

ウ　紙粘土
・軟らかいので，手指をよく動かし，感触を楽しむ。
・軟らかすぎて腰が弱いため，思った形にとどめにくい。
・空き瓶，空き缶，紐，箸などを利用して作る。
・手に白い粉が付く。

② 土粘土・油粘土・紙粘土の実際の作品例

土粘土，油粘土，紙粘土の3種類を導入してみると，表現に粘土の種類による差がある生徒と，差がない生徒がある。以下，差がない生徒2例，差のある生徒2例，作品と活動の様子を紹介する。作品は，特徴が現れているものを紹介する。※No.は表5（pp.20-21）の対象生徒No.を指す（以下同）。

ア　表現に粘土の種類による差がない生徒その1（No.15，ダウン症，MA（3：08））

(ア)　油粘土（10月25日）

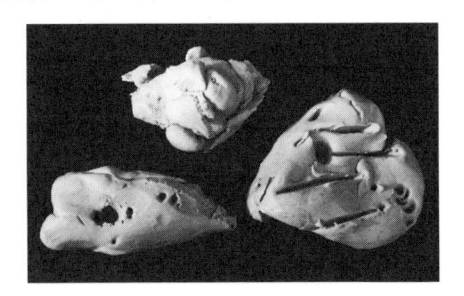

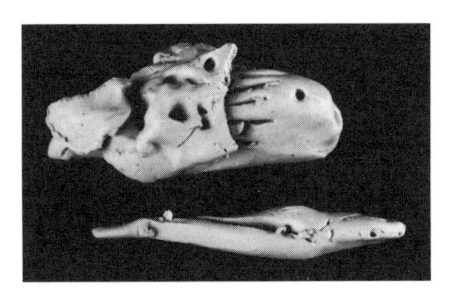

(イ) 土粘土（12月6日）

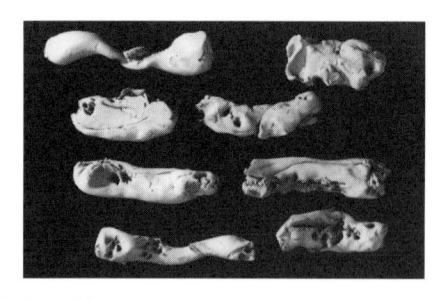

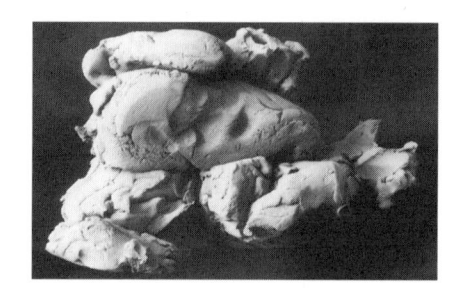

(ウ) 活動の様子
・形を作ることよりも，声を出しながら，全身で思い切り粘土をたたきつけることを好む。
・塊を，食べ物などに見立てる。
・粘土を付け加えることはほとんどなく，ヘラでひっかくことが多い。
・ちぎって丸めたり，のばしたりすることが多いので，大きな作品になりにくい。特に，油粘土は硬いため，大きくちぎれない。
・土粘土は，立体的な作品を1点作る。ほかは平面的な作品となる。
・紙粘土（10/16）は，欠席する。

イ　表現に粘土の種類による差がない生徒その2（No.17，ダウン症，MA（3：10））
(ア) 土粘土（7月11日）

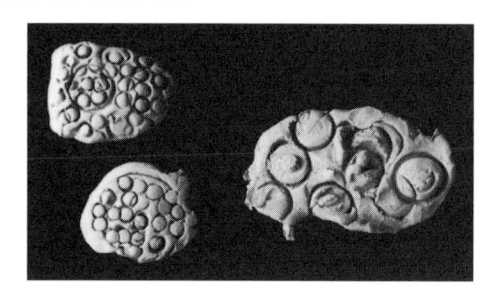

(イ) 油粘土（10月4日）　　　　　　　(ウ) 紙粘土（10月16日）

(エ) 活動の様子
・土粘土は，大きな塊を確保するが，全部使わず，小さな作品となる。
・土粘土のとき，準備した「テレビのつまみ」を早速使って，型押しする。「ろくろ」に粘

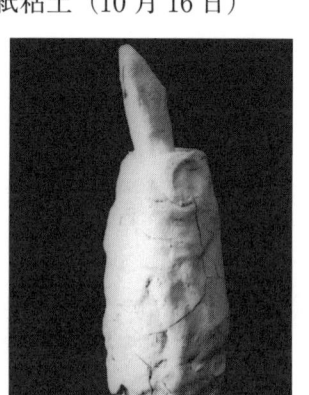

土を載せる。
- 油粘土は，大好きな先生が授業参観していたので，張り切って，たくさん作る。
- 紙粘土は，準備した空き瓶，フィルムの缶をすぐ使う。
- 道具に対する関心が強く，新しく導入すると真っ先に使用する。新しい道具の痕跡を楽しむ。
- テーマは，食べ物や好きな先生に関するものが多い。レパートリーは広い。

  ウ　表現に粘土の種類による差がある生徒その1（No.2，てんかん，MA（3：11））
(ア)　油粘土（10月4日）

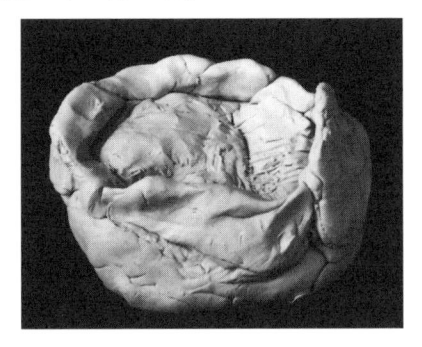

(イ)　紙粘土（10月16日）

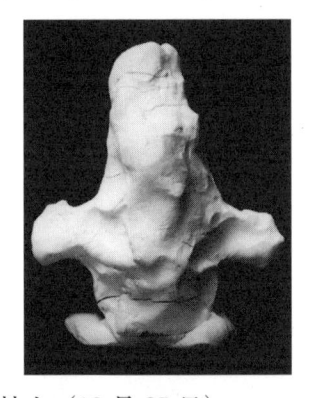

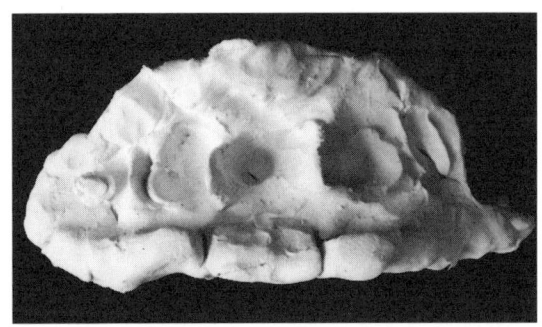

(ウ)　土粘土（10月25日）

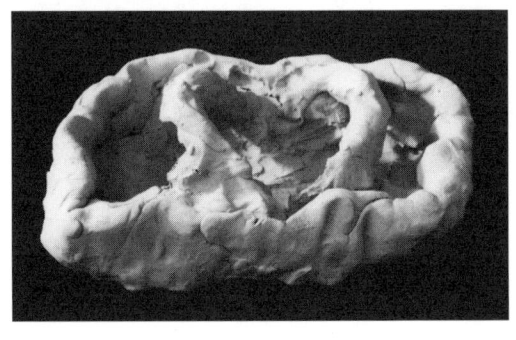

(エ)　活動の様子
- 表現意欲や身体の動きは，油粘土，紙粘土，土粘土の順に高い。特に，土粘土は，ダイナ

ミックに身体全体や両手指を動かし，いきいきと活動する。
- 土粘土の作品が一番大きく立体的で，粘土がよく操作され，のばされている。
- 友達が作るのを見て，似せて作る場合が多い。
- 作品がしだいに大型化，立体化するなど変化が見られる。
- 紙粘土は油粘土と比べると，つぎつぎと作る。
- 紙粘土は，友達が空き瓶を使っているのを見て，最後に模倣する。

エ　表現に粘土の種類による差がある生徒その2（No.3，MA（6：04））

(ア)　土粘土（7月18日）

(イ)　油粘土（10月4日）

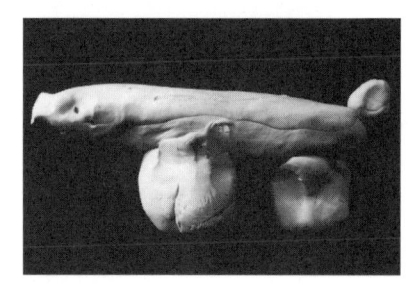

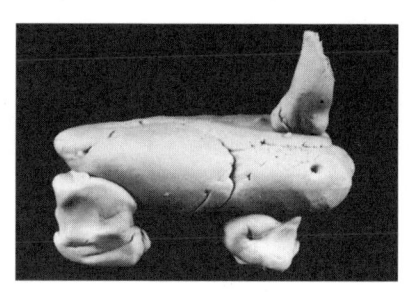

(ウ)　紙粘土（10月16日）

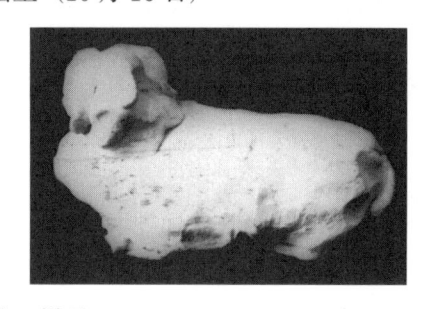

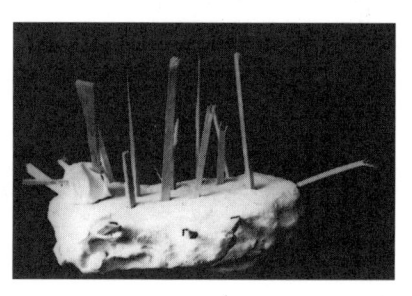

(エ)　活動の様子
- 土粘土のとき，最初に，動物を作る名人とほめる。前の週までのこともあって，ヘビを作りたがるが，ヘビは合格と話し，別なもの（犬・猫・魚など）を促したら，自分が乗っている「犬（左の作品）」を作る。足はつぶれかけたので，胴体の横に付けるのをやってみせたら，上手に付ける。
- 油粘土は，足などがくっつかず苦労する。つなぐ方法として，つなぎ目に割り箸を入れる

ことを教えたら，早速やる。粘土を催促されたので，追加する。
・一人で黙々と作るが，紙粘土は油粘土よりも軟らかく，腰やのびに欠けるため，土粘土のような凹凸にならない。
・どの粘土も意欲的に取り組むが，中でも，土粘土はダイナミックに身体全体や両手指を動かし，夢中になって活動する。

③ 子どもの表現活動と土粘土の有効性

　粘土の種類は，どのような作品にするかで特定される。しかし，造形教育は，結果としての作品づくりに意義があるのではない。素材と一体となって，表現する喜びを体得していく過程が重要なのは言うまでもない。

　粘土の選択にあたっては，粘土がどれだけ手になじみ，どれだけ意のままに変化するかが最重視されるべきである。子どもの活動を考えると，各粘土の検証の結果，土粘土の有効性が明確となった。

　土粘土による表現活動では，形が作りやすいため，身体全体の動きがダイナミックで，粘土によく働きかけ，いきいきと操作する。作品も大きく，立体的なものが多い。

　油粘土や紙粘土の場合は，硬かったり反対に軟らかすぎたりして，形が思うようにならずに苦労している。イメージを膨らませて具体物を作るよりも，会話を楽しみながら，粘土をたたきつけたり，丸めたり，ちぎったりする。ヘラなどの道具を好んで用いる生徒が多い。同時に，意欲的に活動しているように見えても，実際は，手指や身体の動きが不十分であり，大まかで，道具を介した間接的な操作となっていることは否めない。

　一方，土粘土は大きな労力を必要とし，教師にとって大変やっかいな粘土である。しかし，子どもが心おどらせて，いきいきと表現活動を展開するためには，教師自身が「土粘土＝器（うつわ）＋釉薬（うわぐすり）」の先入観を捨て，土粘土を豊富に準備して展開したい。

　次に，子どもの表現活動における有効性が明らかになった，「土粘土」の長所をまとめてみたい。

(3) 土粘土の長所

① 真の可塑性

　造形学習において可塑性がある物質といえば，身体（主に手）による直接操作によって自由に形が変わる素材，つまり，粘土を指す場合が多い。用途によっては，おのずと粘土の種類が特定される。

　粘土は力を加えると変形するので，可塑性がある。しかし，同じ粘土でも，粘土の種類に

よっては可塑性が大きく異なるのも事実である。自由な表現にとって，この可塑性の違いは，表現に大きな差をもたらす。

　油粘土は，弾力があり，押しても素直にひっこまない。くっつけても，なかなかくっつきにくい。ひっかいても抵抗があってスムーズにいかない。紙粘土は，成分の一つである繊維が絡まり，切ったり，ひっかいたりしづらい。くっつきにくい。

　この点，土粘土は，子どもの握力や体力に合わせた硬さの調整が容易である。全身の力で思い切りたたきつけても受け止めてくれる。軽く押したり，なで回したり，ひっかいたり，くっつけたりしても，丸ごと受け止めてくれる。気に入らなければ，作り直すことも簡単にできる。

　このように，土粘土は，働きかけに素直に反応し，心の変化をそのまま受け止め，自由自在に変化する。形の変化が，さらなるイメージを誘発する。心の動きと体の動きが一体となり，連関しながらお互いが高まっていく。心はどんどん変化する。人間の心の変化に勝る可塑性はないが，この心の可塑性に十分応えてくれる素材「土粘土」にこそ，真の可塑性がある。

②　水の感触

　油粘土は，にきにきして油っぽく，なんとも嫌な感触がある。紙粘土も，成分の一つである接着剤と岩石の粉末が，いっしょになってべとつき，手になじまない。しかし，土粘土は，手になじみ，嫌な感触がまったくない。触れた感覚は，まさに「水」である。

　人間にとって，水ほど密接で，原初的な物質はあるまい。系統発生学的には，30億年に及ぶ海水生活がある。個体発生をみても，約10カ月の羊水生活がある。生命記憶として，水は人間の生命を揺り動かす大きな力を秘めている。

　また，水は，人体の約50～80パーセントを占める。水の摂取は，生命の維持に不可欠である。入浴，洗面，歯磨き，手洗いなど，水に触れない生活はありえない。

　子どもが，水遊びや，お風呂や，どろんこ遊びを好む大きな理由に，「水」が考えられる。

③　適度な重量感

　人間にとって重要な水の比重は1で，固体及び液体の比重の基準となっている。鉄の比重は7.8で，操作しながら心と対話するには重すぎる。粘土の比重は2前後で，ほどよい重量感がある。

　土粘土の操作は，必ず筋肉運動を伴う。重すぎては，筋肉の負担が大きく，持ち上げられない。綿のように軽くても，手ごたえが感じられない。

　操作したときに手ごたえを，体性感覚を介して実感するのに，土粘土に勝る素材はあるまい。

2　授業で土粘土のよさが発揮される条件

　素材としてすぐれる土粘土は，与えるだけでもある程度のよさが発揮されるが，土粘土がいかに有効な素材であっても，土粘土を与えるだけでは子どもの真の活動は引き出せない。
　土粘土が，素材としてのよさを十分に発揮し，子どもたちの主体的な活動として展開されるためには，次項の「3　子どもの表現特性に応じた授業での具体的な支援方法」とともに，以下の条件が重要である。

(1) 他の題材と土粘土の関連

　土粘土がいかに重要な素材であっても，造形活動のすべてを土粘土に充てることはできない。二次元の世界である絵画や版画も大きな意義がある。土粘土と同様，三次元の世界である工作も大切にしたい。造形遊びも必要である。
　第Ⅰ部・1-(3)の「④　根拠のある時間の位置づけと題材の配列を（p.8）」でも述べたように，どのような題材をどのように配列するかは，子どもの活動に対する影響が大きい。
　運動会や学芸会やバザーなどの単元学習が中心となる時期は，時間の確保をあまり必要としない絵画や造形遊びなどを展開する。土粘土や版画など，まとまった時間を充てたい題材は，題材が分断されない時期に実施する。
　また，経験的に，土粘土の前の題材は，可塑性が小さく細かな動きを必要とする版画などがよい。なぜなら，可塑性の大きい土粘土に入ったとき，ダイナミックな動きをいっそう引き出すからである。
　各題材の展開にあたっては，テーマも重要だが，それぞれの題材の「平面と立体」，「動きの大きいものと小さいもの」，「可塑性の大きいものと小さいもの」といった特質も吟味して配列し，題材相互の相乗効果を高める。

(2) 土粘土の授業における土粘土の量と回数の確保

　500gか1kgの粘土を渡し，教師が指示したテーマや作り方に沿って，たった1〜2回で作品づくりを強いるのは意味がない。土粘土に慣れるのに，80分間の活動で最低5回程度は必要である。
　どのように働きかけたら，土粘土がどのように変化するかは，時間をかけていろいろ働きかけてこそ体得できる。いきなり作品を作ろうが作るまいが，5回くらいまでは練習，ウォー

ミングアップの時間と考えなければならない。この間は，自分なりの方法で，思い切り働きかけるように仕向ける。

　土粘土に慣れるのに最低5回とすると，自分なりの感覚がある程度発揮されるためには，10回前後は実施したい。1年間に10回として，2年間で20回，3年間で30回，6年間で60回，12年間で120回となる。土粘土を自由に操作できるようになるには，20～30回の活動を必要とする。単発的かつ突発的な土粘土の活動からは，子どもの高まりが期待できない。

　授業は1回1回が勝負だが，1回で完結しなければいけないわけではあるまい。30回，60回，120回しか実施できない中で，具体的にどのような活動を展開し，どのような高まりを期待するかが明確になっていなければならない。長いスパーンでの変容は後述するが，このような経験知があってこそ，教師はゆとりを持って子どもの活動を見守り，着実な支援が可能となる。また，指導者の交替で，中断してはならない。指導の継続，個別指導計画の確実な積み重ねが問われる。

　土粘土の使用量には個人差がある。ミニチュア作品を作る子どももいれば，1人で1回に10～20kg使う場合もある。慣れるに従って作品が大型化し，使用量が増加する傾向がある。回数を確保し，可能な限りの量を用意する。とはいえ，予算が限られ，無限に土粘土を用意できるわけがない。限られた予算で，多くの土粘土を入手するのも，立派な教材研究である。

　いろいろなものを扱っている教材店は，どうしても割高で，量の確保が難しい。子どもの活動における土粘土の意義を考えると，少しでも多くの量を確保したい。そのための方法として，近くに粘土として使える土がないか探す，レンガ・カワラ・陶器製造業者から分けてもらう，粘土専門業者から直接購入する，などが考えられる。粘土専門業者から直接購入する場合は，運賃を安くするために，隣接の数校による共同購入も考えられる。

(3) 土粘土の軟らかさの度合い

　土粘土が，働きかけに対して自由に変化するかどうかは，土粘土の軟らかさ加減が重要な鍵を握る。

　作品を作るには，耳たぶ程度の軟らかさが基本となる。購入する粘土は時間の経過とともに硬化するので，使用する直前に練り直す。また，適度な軟らかさの土粘土でも，室温の高い時期に長時間触っていると，乾燥してひびが入り，操作しづらくなる。注意深く観察し，その時々の状況に応じて，手を濡れた雑巾に触らせたり，水を加えて練り直したりする。

　握力の弱い子どもには，少し軟らかめの土粘土を準備する。ただし，水分が多いと，手や道具や作業台に土粘土がへばりついてやりにくくなるので，微妙な水加減に注意する。

　土粘土に直接触るのに抵抗がある子どもには，乾燥した粉々の粘土を用意する。

　全身を使った粘土遊びをダイナミックに展開するには，水をたくさん使ったどろんこ遊び

を積極的に行う。

いずれにせよ，その子どもにとって最良の軟らかさでないと，土粘土の「真の可塑性」が発揮されない。事前にしっかり準備しても，刻々と変化する活動に合わせて，土粘土の軟らかさをそのつど調整する。

（4） 土粘土の活動場所

① シナベニヤを貼り合わせた広い床

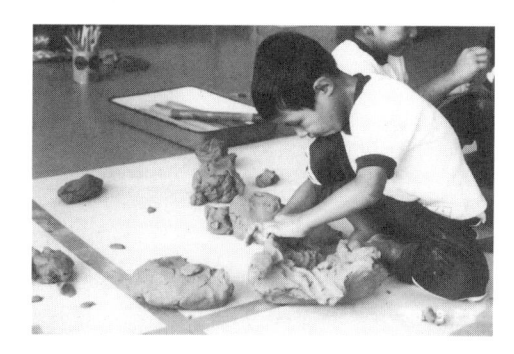

素足になって，全身を使った粘土遊びをダイナミックに展開する場合は，広い場所を床に確保する。シナベニヤ数枚を，布ガムテープで貼り合わせる。移動も容易で，折り畳んで保管ができる。ラワンベニヤは，木片が身体に刺さることがあるので使用しない。ブルーシートは，めくれたり，滑ったり，足にまとわりついたりするので避ける。シナベニヤの下に敷くのはかまわない。

② 広く安定した机

中学部や高等部になると，イメージに添って作品を作るようになる。長時間座っても疲れず，上腕や手指を自由に動かすことが可能な，身体に合った高さの机といすが求められる。しかも，机は，通常教室で使用される個人用では狭いので，広く，脚が頑丈で安定した，90 cm×180 cm 程度の粘土専用机や工作台がよい。大きな机がなければ，個人用の机をいくつか同じ高さに調整して，厚さ12 mm 以上のコンパネを敷いてガムテープで固定し，広い机に変身させる。

床だと，長時間座っていると尻や腰が痛くなるし，上体を支えるのに疲れる。また，床での座位は腕が膝につかえ，上腕の自由な動きが制約される。

③ どろんこプレート

床での活動を好む場合，移動の容易な樹脂製プレート（市販品：どろんこプレート，86 cm×86 cm）が便利である。広く安定した机と同時展開できるメリットもある。机と違う目新しさもある。自然に素足になることもある。1枚のプレートを，2～3名で使用してもよい。共同作品が生

まれるきっかけになることもある。

(5) 土粘土活動の道具

　道具は，作品完成後の移動を容易にするもの，土粘土を軟らかくするもの，新鮮なイメージを誘発する痕跡が生じるもの，細かな模様をつけるものなどがある。ときどき新しい道具を忍ばせ，変化や刺激を与える。

　どのような道具が有効であるかは，実際の活動を分析して検証する。有効な道具の手がかりが得られたら，授業に採り入れる。身体全体・手・指・肘・足などの人間自身が，最高の道具である。身体全体・手・指・肘・足などの効果的な使い方の手がかりを探り，奨励する。

　以下，実際の活動から，効果的な道具類の使い方を紹介する。

① 大きな粘土板

　せっかく広く安定した机を用意しても，小さな粘土板で制作するのでは意味がない。小さな粘土板は，板自体が動いたり，机との段差が生じたりして，活動に集中しにくい。小さな粘土板を使わせず，机や床で直接活動させる。

　ただし，重くて大きな作品が予想される場合は，完成後の作品の移動や保管を容易にするために，大きな粘土板を作り，あらかじめ敷いてもよい。

② 身　体

　土粘土を軟らかくするとともに自分自身の気持ちをウォーミングアップするために，肘や拳や手のひらなどで思い切りたたいたり，足で踏んだり，投げつけたりするなどの活動は重要である。

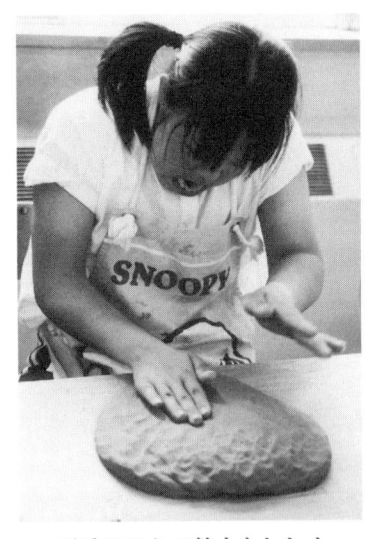

両手のひらで粘土をたたく　　　全身で粘土を床にたたきつける　　　拳で粘土をたたく

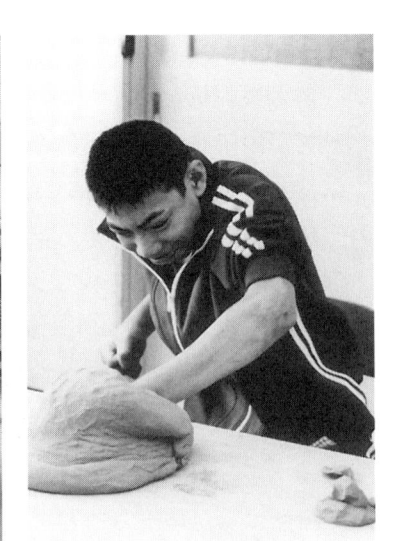

第Ⅱ部　造形教育としての土粘土の授業

③　太い丸棒（のべ棒）

　直径3cm，長さ40cm程度の丸い棒を用意する。土粘土を思い切りたたいて軟らかくしたり，穴をあけたりするのに効果があり，興味を持って使用する。力を入れてしっかり握るためには，直径3cm程度が適している。

　太い丸棒は1本でもよいし，太鼓をたたくように2本同時に使ってもよい。

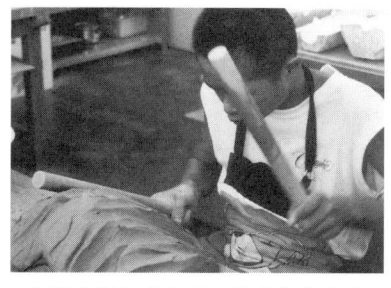

太鼓をたたくように粘土をたたく　　　太い丸棒で粘土をのばす　　　太い丸棒を粘土に突き刺す

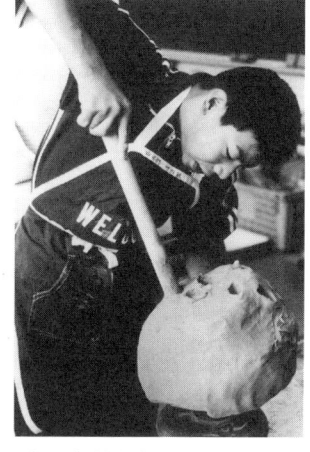

④　細い丸棒

　太い丸棒を好んで使うが，直径1～2cm程度の細い丸棒も，興味を持って使う。太さの違いによる感触を楽しむ。

⑤　木製ペン（細太両方）

　直径1～2cmの丸棒を長さ15cm程度に切断し，先端を円錐状に削ったものを用意する。粘土用の鉛筆として，模様などを描くのにとても便利である。

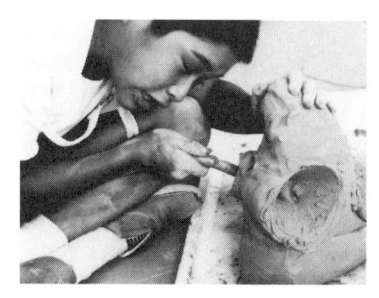

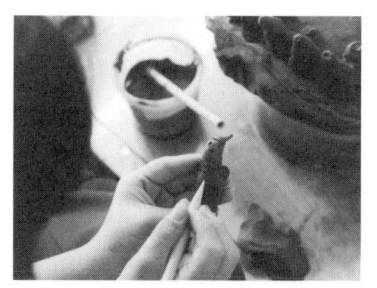

細い丸棒で粘土をえぐる　　　木製ペン（細）で人形に描く　　　木製ペン（太）で描く

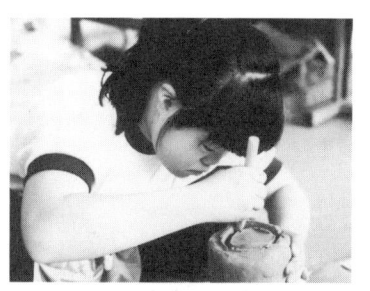

⑥　型押し

テレビのつまみによる型押し　　　ナイロン製縄による型押し

⑦　ワイヤー

細いワイヤーによる切れ味や，シャープな断面は新鮮な驚きを与える。

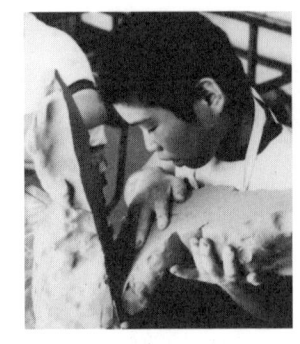

粘土の切断面に驚く

ワイヤーのシャープな切れ味に夢中となる

⑧　ろくろ

粘土をろくろに載せて回転を楽しむ

⑨　ヘラ（大）

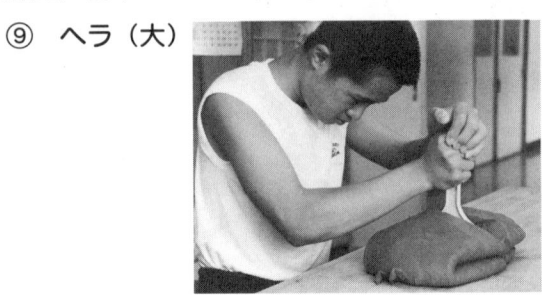

ヘラ（大）に力を入れて粘土を切る

⑩　そのほか（割り箸，針先ペンなど）

粘土をくっつけるためのドベ（土粘土を水で薄めて糊状にしたもの，呼び方は「のり」のほうが親しみやすい）を塗って楽しんだり，粘土ベラなどで模様を描いたり，割り箸や粘土ベラを粘土に刺したりする。

一般的に，市販の粘土ベラは，手指でできない細工をするときに使用されるが，子どもたちはそんな使い方をあまりしない。粘土に突き刺して遊んだり，偶然できる痕跡を楽しむことが多い。

粘土ベラで筋模様をつける

割り箸をケーキのろうそくに見立てる

ワイヤーベラでえぐりとる

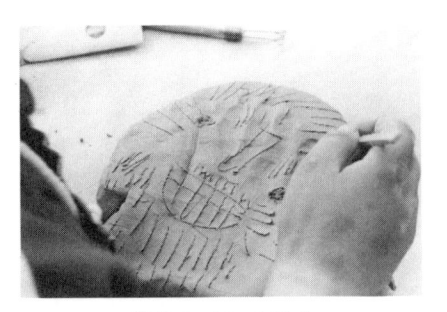

針先のペンで描く

第Ⅱ部　造形教育としての土粘土の授業

　意欲的かつダイナミックに活動する子どもほど，身体を積極的に動かし，道具の使用も活発である。道具の使用に伴う偶然の痕跡から，イメージを誘発することも多い。

　しかし，道具に頼り過ぎるのは好ましくない。道具を介して間接的に粘土を操作することよりも，両手指を十分に動かして，粘土を直接操作することが重要であることを忘れてはならない。

(6)　土粘土活動のテーマ（主題）

　まず何よりも，教師自身が「土粘土＝器＋釉薬」の先入観を捨てる必要がある。

　丈夫な器を作るには，施釉の後，高温で焼成する必要がある。いわゆる陶磁器のたぐいである。

　しかし，可塑性にすぐれる土粘土は，いじると形が変化し痕跡も生じる。その形や痕跡からイメージが触発される。気に入らなければ作り直すことも容易である。土の感触を楽しみながら，主体的・自発的な活動が活発に展開されることが重要である。それを，茶碗・コップ・花瓶・灰皿などの器で規制したり，全員に同一のテーマや作り方を説明し，作品づくりを強要するのはナンセンスである。

　土粘土の塊を手にすると，何はともあれ，触っていじりたい衝動に強く駆り立てられる。素材や道具になじむためには，土粘土導入後5回（1回80分程度）くらいまでは，ウォーミングアップの期間と考えなければならない。いきなり作品を制作してもかまわないが，土粘土の性質を身体ごと実感するために，いろいろな働きかけを奨励する。雰囲気を盛り上げ，ダイナミックかつ自由にやらせる。

　回を重ね，土粘土に慣れても，自由制作を基本とする。作品を作るか否かは大した問題ではない。粘土を糸で切るのに没頭してもかまわない。要は，その子どもなりのやり方で，活動に集中することが大切である。

　子どもが瞳を輝かせ，歓声をあげながら，いきいきと活動するためには，「表3　題材としての「粘土」の全体構造（pp.16-17）」をしっかり押さえる。つまり，自由に漫然と活動させるのではなく，教師が根拠ある支援をするために，土粘土における発達に応じた「表現の特質」及び「学習課題」や「テーマ（主題）」を吟味し，授業に臨む。

　自由制作といっても，ときとしてテーマを提示し，働きかけることも必要である。どのようなテーマを働きかけるかは，この表3をもとに，個々の子どもに合わせて考える。以下，特別支援教育における各学部の目安を考える。

①　小学部の目安

　作品づくりよりも遊ぶことに興味があるので，道具などを工夫して，ダイナミックな粘土遊びを展開する。また，操作の過程で偶然できた痕跡や形からイメージを膨らませる。興味・

関心の持ちそうなものをいっしょに作り，活動のきっかけとすることも効果的である。

顔（先生・父母・友達・漫画の主人公など），食べ物（ケーキ・弁当など），動物（ヘビなど），怪獣，乗り物（自動車・バスなど）などの興味・関心のあるテーマを働きかけることも必要である。

② 中学部の目安

テーマを示しても，眼前の粘土を操作したい衝動が強いので，自由制作を基本とする。ただし，粘土に慣れてきたら，動物・建物・皿などのテーマを働きかける。友達の参考作品を提示したり，大型化や道具の変化による装飾化を促したりする。

興味・関心のあるテーマとして，食べ物（ケーキ・だんご・おすし・ハンバーガー・目玉焼き・たこ焼きなど），身近な人間（友達や先生），テレビ関係（ロボット・怪獣），動物（ヘビ・魚・犬・モグラ・ワニ・トンボ・鳥・虫・熊・かたつむり・サイ・カメ・ゾウなど），乗り物（汽車・バス・自動車・自転車など），建物（家・学校・タワー・風呂など），自然に関するもの（山・虹など），器（皿・花瓶・コップなど），身体の一部（おっぱい・うんこなど）が挙げられる。これらのテーマが，支援の手がかりとなる。

器は，粘土に慣れてくると自然に作り始める。人間やロボットや動物は立たせるのが難しいので，寝かせたままにしたり，足を短くさせたり，胴体の横に付けさせることも必要となる。簡単な形でありながら，大小・長短・太細・曲線・模様・組み合わせなどのさまざまなアレンジが可能で，両手指を十分動かすものとして，「ヘビ」が有効である。ヘビには，だれでも強烈なイメージがあり，表現意欲を駆り立てられる。

③ 高等部の目安

テーマに添った制作がかなりできるようになるので，自由制作と課題制作を半々くらいにする。テーマは，小・中学部と基本的に変わらないが，高等部に合わせた提示の工夫をする。

例えば，「顔」の場合，導入で「顔を作りましょう」とか，「○○先生の顔」や「○○くんの顔」では，表面的な形の違いにとどまることが多い。しかし，「オバケの顔」「おもしろい顔」「へんな顔」「宇宙人の顔」「火星人」「○○人間」などとすることで，変化に富み，表情豊かな作品が生まれる。導入がいかに重要か，教師の腕の見せどころでもある。

テーマを働きかける場合，どの学部でも，イメージを膨らませ，表現意欲を喚起し，多様な表現が生まれるためには，具体的な支援の方法が鍵を握る。支援の根拠を明確にし，あとは教師自身の感覚で，刻々と変化する状況に合わせて，柔軟に対応することが求められる。支援の裏付けが事前に吟味されていないと，その場しのぎの支援となるのは明らかである。

(7) 土粘土活動での表現リズム

表現リズムは，教室全体（集団）と子ども一人一人（個人）に分けて考える必要がある。

① 教室全体（集団）のリズム

　授業開始と同時に，土粘土を軟らかくし，子ども自身の気持ちや身体全体をウォーミングアップするために，土粘土に強い力で働きかけさせる。みんなで大きな声をかけながら，手のひら・握り拳・肘・太い丸棒などで強くたたいたり，床や机に投げつけたりする。にぎやかで騒々しいくらいだが，制作に移ると静かになる。そして，表現の喜びにあふれる。

　充実した授業を分析すると，「活発（ガンガン）→静寂・集中（モクモク）→歓喜（ヤッター）」の共通点がある。このリズムに，どれだけ近づけられるかが重要となる。

② 子ども一人一人（個人）のリズム

　個人のリズムは，1コマの授業のリズムと，数年間のリズムを考えなければならない。

　1コマのリズムは，最初から速いリズムで次々と作品を作る子ども，1つの作品に時間をかけてじっくり取り組む子ども，授業の終わりごろになってエンジンがかかる子ども，作っては壊す子ども，作品を作るよりもにおいをかぐ子ども，考えているうちに時間が経ってしまう子ども，糸で切るのに夢中になる子ども，一見同じような作品ばかり作り続ける子どもなど，実に多様である。これでかまわない。要は，その子どもなりのリズムで土粘土に集中していくことが大事である。

　また，数年間のリズムとして，作品が「（元の形）→大型化→装飾（様式）化・精密化→単純化・抽象化」傾向が見られる。これは，相当長い期間実践しないとわからない。個人差はあるが，長いスパーンでとらえたい。長い期間によって，変化・変容・発展するのである。長期間継続する価値がここにある。経験知が意味を持つのもこのためである。

(8) 土粘土作品における作品名の確認方法

　絵画・粘土・工作を問わず，非言語である造形作品に対して，言語で作品名を確認することには慎重でなければならない。言葉による作品名の確認が，絶対に必要なわけではない。言語による表現が苦手な子どもは，なおさらである。

　大切なのは，作品が完成したときや制作の途中で，子ども自身が驚きや喜びを共有したいとき，タイミングを逃さず，ごく自然に教師や集団が受け止められるかどうかである。

　完成した作品を確認するときは，いきなり「何作ったの？」とか，「これ何？」と尋ねると，子どもは緊張する。むしろ，「おっ，いいね！」と感動を伝えながら，「なんて書いておこうか？」とか，「ちょっと教えて！」とか，「このお話して！」など，ごく自然に聞く。だれが見てもはっきりしている場合は，「○○でいいのかな？」と再確認するような感じで尋ねる。作った子ども自身もよくわからない場合，言わない場合，言っても言葉が不明瞭で聞き取れない場合は，しつこく尋ねない。作品に，ネーミングを必ずしなければいけないわけではない。

ただし，作った子ども自身に，教師や友達が「おっ，○○みたいだね」，「○○にも見えるね」など，イメージを伝えることは無意味ではない。

(9) 土粘土による共同制作

個人制作が基本であるが，共同制作も可能である。事前にテーマを相談して制作する場合もあれば，それぞれが作ったものを組み合わせる場合もある。共同制作も選択肢として持ちながら，状況によっては共同制作を働きかけることも必要である。

(10) 模倣の肯定

教師が作り方を示し，子どもが教師の指示どおりに作らされたのでは，子どもが教師の模倣をしているにすぎない。いわゆる，子どもの姿を借りた教師の作品にすぎない。

ただし，すすんで模倣することが学習課題の子どもに対しては，本人の興味・関心に合う作れそうな作品を見せたり，積極的に模倣させたい子どもが視野に入る座席を考慮することも必要である。

友達が気になる作品や憧れの作品を作っている場合，自然に模倣するのは歓迎したい。

右の子どもが左の子どもの「装飾器」を模倣

(11) 土粘土作品の保存方法

子どもたちにとっては，土粘土に心をおどらせながら，夢中になって活動することがすべてである。作品の保存や作品の焼成は，活動後のことであり，教師の都合でおこなわれる。

しかし，成長の記録や今後の支援の手がかりを得るためには，作品を保存するとともに詳細な記録と分析が必要となる。

絵は重ねて置けるので場所をとらず，教師にとっては都合がよい。反面，立体作品である土粘土は，重ねて置くことが困難であり，場所を必要とする。

第Ⅱ部　造形教育としての土粘土の授業

少しでも効率よく保存するには，発泡スチロール製の箱に入れて重ねるか，コンパネを数種類の高さの木片で挟み，既製の棚を隙間なく埋めるしかない。発泡スチロール製の箱やコンパネは，土粘土作品を入れたり，作品を載せた状態での移動が可能となり，作品の写真撮影や焼成時の移動にも便利である。写真は，コンパネと木片を利用した，既製の棚への保存例である。

(12)　土粘土作品の焼成方法

土粘土作品は，食器などの実用品を除き，完成時のままで保存したい衝動に駆られる。なぜなら，完成時には痕跡が生々しく，制作時の雰囲気をもっともよく伝えてくれるからである。しかし，完成時のままだと乾燥が進んで土粘土が白っぽくなったり，逆にカビが発生して黒くなる。しかも，もろく壊れやすくなる。

となると，何らかの方法で焼成するしかない。絶対的な焼成方法などない。個々の作品の生命感が最大限に発揮される焼成方法を，試行するしかない。食器や花瓶などの実用品は，水漏れを防いで丈夫にするために，釉薬をかけて高温で焼成する。しかし，子どもたちは実用品をあまり作らない。しかも，釉薬のガラス質は，作品の表情を覆い隠してしまう欠点がある。そこで，釉薬を使わない焼成を考える。

電気窯による素焼きは，熱のみなので単調となり味気ない。炎が必要である。薪を燃料とした窯による焼き締めは，自然な窯変がもたらされる。薪による野焼きは，酸化焼成と還元焼成が見られる。もみ殻による野焼きは，還元焼成となり，黒っぽい作品となる。野焼きは窯がなくても可能である。ただし，薪やもみ殻による焼成は，燃料の準備や焼成時間の確保など，教師の労力を多とする。

いずれにせよ，1つの焼成方法にこだわるのではなく，個々の作品にふさわしい焼成方法を，教師の責任で判断するしかない。焼成によって，作品に新たな生命が吹き込まれるのを祈りながら。

もみ殻による焼成（焼成の準備）

焼き締め（簡易穴窯）

⒀　土粘土作品の展示

　作品の展示は，学校内外で積極的に展開する。教室での展示，文化祭での展示，デパートやギャラリーや美術館などでの展示が考えられる。子どもにとっては活動が評価され，自信を得る場となる。教師にとっては教育実践を客観的に判断したり，他の人の評価を得る貴重な場となる。社会にとっては，子どもたちのよさを認識する場となり，ともに生きる社会を作っていくうえで大きな力となる。
　ただし，展示作品の選定は，展示の目的に照らし，相当吟味する必要がある。特に社会的な展示は，障害を越えて見るものを揺さぶる作品，つまり，子どもの心情が開花した作品でなければならない。第Ⅲ部で詳しく述べる。

⒁　集団の教育的効果に着目

　教育は個別指導が中心ではなく，集団の教育力をいかに発揮できるかが重要となる。特別支援教育では，障害の多様化及び重度化を理由に，ややもすると個別指導に重きが置かれていないだろうか。例えば，集団参加能力が低い場合，集団から分離して個別のトレーニングに偏っていないだろうか。
　集団の教育力といっても，集団で授業するだけでは効果が発揮されない。集団の大きさ，活動内容，教師の支援が吟味されてこそ，集団の教育力が意味を持つ。
　美術の場合の集団の大きさは，10～15人程度が望ましい。4～5人だと，集団からの影響があまり期待できない。また，授業における集団のサイズを決める場合，教師の担当時数合わせが優先してはならない。教室の広さ，一人の子どもがダイナミックに活動できるスペースの確保を考えると，20人では多すぎる。かといって，少人数である学級単位で固定するのもよくない。1週間に1回程度の授業なら，そのつど机をセッティングしたり，道具や土粘土を運んで準備してもよいではないか。子どもの活動を考えるなら，労力を惜しんではならない。安易に学級単位にしていないか，教師の持ち時間のために無理な集団の大きさにしていないか，検証が必要である。
　みんながんばっているからがんばる，友達の表現からヒントを得たり目標にする，協力して取り組む，自分との違いに気づくなど，集団ならではの教育力がある。ただし，それは集団の雰囲気が良い場合であって，雰囲気が悪いと逆効果になる怖さもある。集団全体の雰囲気をいかに高められるか，教師の授業力が問われる。

第Ⅱ部　造形教育としての土粘土の授業

3　子どもの表現特性に応じた 授業での具体的な支援方法

　発達及び障害の種類やレベルが，先にあるのではない。発達及び障害の一面が，表現特性として現れると考えなければならない。発達や障害によって表現を決めつけたり，発達や障害の先入観によって，支援方法を確定することは避けなければならない。
　教師には，支援の基本的な考え方をしっかり持ちながら，眼前で刻々と変化しながら展開される子どもの表現の特性に応じた，柔軟で具体的な支援が求められる。

(1) パターン化した表現の子どもに対して

　教師はややもすると，同じものを繰り返し作られると成長がないと判断し，変化を性急に求めがちである。しかし，短いスパーンでは一見同じようでも，微妙に違っている場合がある。また，長いスパーンでは，確実に変化している場合が多い。確かに，形の大きな変化はわかりやすい。教師は小さな変化に隠された意味を，確実にとらえなければならない。
　自閉傾向の子どもは，いわゆるパターン化した表現が多いが，表現意欲や表現に対する衝動は大切にしなければならない。結果的に同じような作品になってもかまわない。表現を受容し，自由に取り組ませるべきである。
　ある程度満足するまで作ると，作ったものに対してアレンジを促すと受け入れ，興味を持って取り組む。効果的なアレンジの方法は，「作ったものを皿や台に載せる」「大きくする」「装飾を加える」などが挙げられる。アレンジ以外の方法では，興味・関心があって簡単に作れそうなテーマを働きかけたり，友達の作品を見せることも効果がある。
　〈事例 No. 18〉　※No. は表5（pp. 20-21）の対象生徒 No. を指す（以下同）。
　1　子どもの表現の実態
　食べ物やアイドルの名前を，小さな土粘土片に好んで書く。折り鶴などを描くこともある。手指の動き中心で，小さな作品を多数作る。①は，小さな土粘土のプレートを作ってから，アイドルの名前を書いたものである。たくさん作ったのを，並べて撮影した。②は，平らな皿に「折り鶴」を描いたものである。
　2　子どもに対する具体的支援
　③は，大きな粘土の台に，プレート片を載せたものである。模様つけを促したら，プレートの外周に線を引く。④は，平らな皿の縁を盛り上げるのをやってみせたら，早速作ったものである。⑤は，④を作った後，粘土で台を作ってから，台の縁に粘土で作ったローソクの飾りを並べたケーキを一人で作ったものである。⑥は，⑤の1週間後の作品で，何重にも飾

りを付けたケーキである。

事例 No.18 の作品

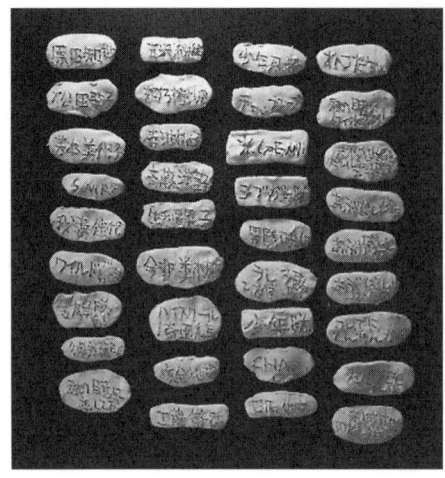

① 「アイドル，たくさん，いっぱい」

② 「折り鶴」

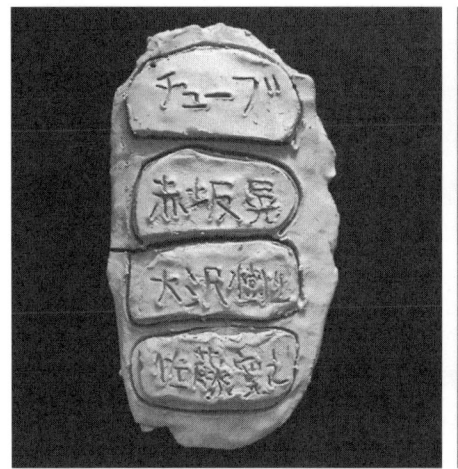

③ 「アイドル」

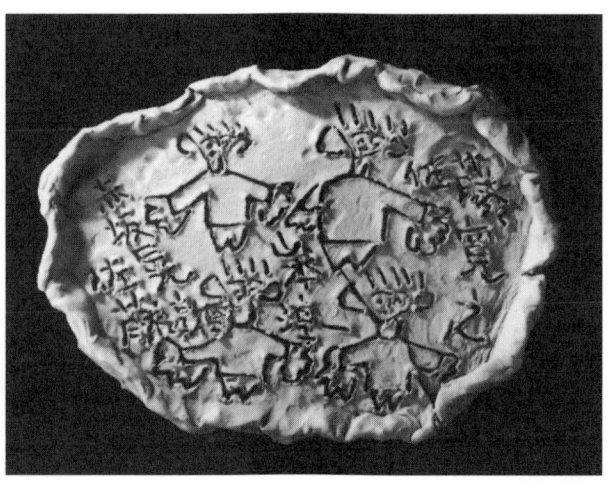

④ 「光ゲンジ」

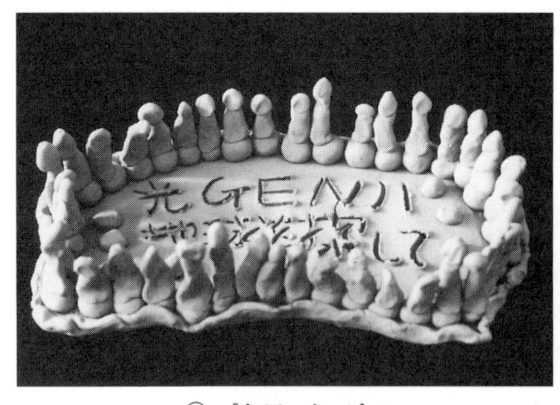

⑤ 「お皿，ケーキ」

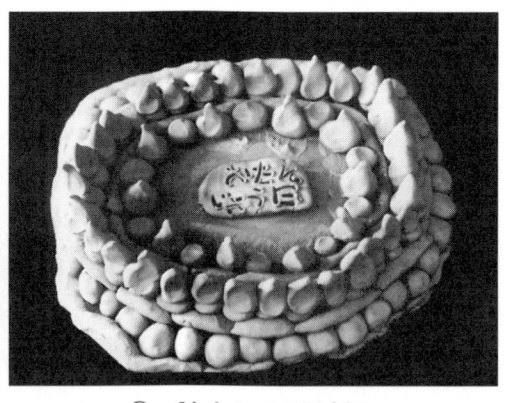

⑥ 「わたしのお誕生日」

③　制作過程の考察

　ある程度満足するまで作ると，粘土の台の導入などにより，変化が自然と生まれた。台の導入によって，広さが確保され，新たな模様などを加えることが可能となる。また，皿の縁を盛り上げるなどのきっかけを与えると，自然に装飾化などの変化が生じた。作品のケーキは，家庭での誕生日祝いのイメージによるものと考えられる。興味・関心を把握することは，テーマを働きかけたり，子どもと教師がやりとりしながらイメージを膨らませるときに，不可欠となる。

(2) レパートリーが少なかったり，具体的な形になりにくい子どもに対して

　レパートリーが少なかったり，具体的な形になりにくいのは，表現することに自信がなかったり，発達レベルがまだ具体的な形を表現するレベルに至っていないことが考えられる。発達レベルの場合は，形の明確化を求めてはならない。土粘土をいじったり，こねたり，いろいろ働きかけるとともに，痕跡からイメージを確かめたり，イメージを膨らませる働きかけが重要となる。

　表現に自信がない場合は，具体的な形になるように，興味・関心をもとにいろいろな働きかけをする。同時に，制作過程及び完成した作品を評価し，表現することに自信を持たせる。2例紹介する。

〈事例 No. 4〉

①　子どもの表現の実態

　発達レベル（MA 7歳10カ月）のわりには操作活動が中心で，具体物を作り出すまでに時間を要する。

　土粘土は，軽くたたいたり，ヘラでひっかく程度で，手指による操作も不十分である。しかも，形は簡単なものが多く，レパートリーも食べ物中心で少ない。①の「ハンバーガー」は，粘土をたたいてやや平らにしたものである。

②　子どもに対する具体的支援

　②は，両手指を使うために勧めたヘビづくりで，完成したヘビを自分から4匹つなげたものである。最初は粘土がうまくのびないため，手を添えていっしょにやる。しだいに上達する。指示により，ヘラで穴をあけたり，模様をつける。

　④と⑥は，それぞれ③と⑤をモデルとしたものである。④は，③のモデルにない，丸や山の絵をヘラで描いて加える。本児の自宅は，高い山のすぐ近くにある。

　⑥は，⑤のモデルによって，リンゴづくりを働きかけられて作ったものである。「北斗」とリンゴの品種名を言う。つるをドベで付けるのを，早速まねしてやる。

　なお，本児の家は農家で，リンゴも栽培している。

事例 No.4 の作品

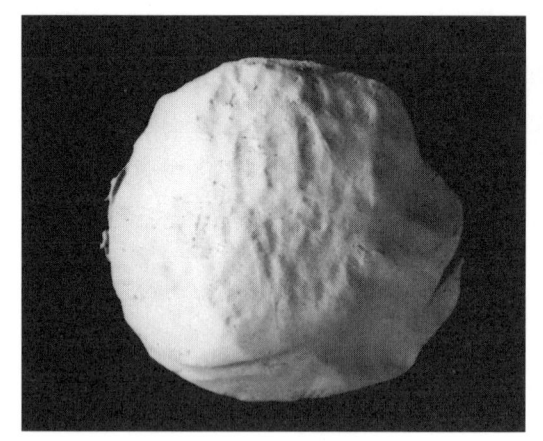

① 「ハンバーガー」

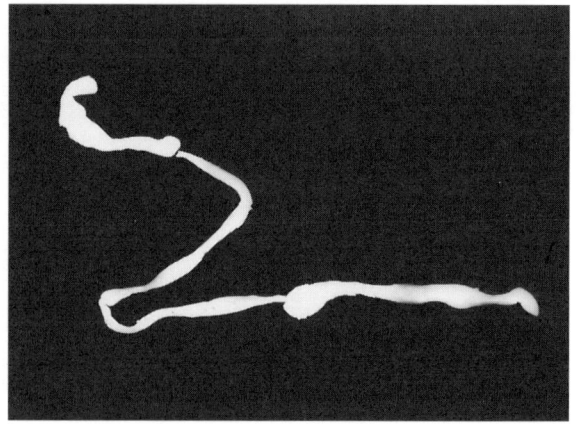

② 「4匹のヘビ」

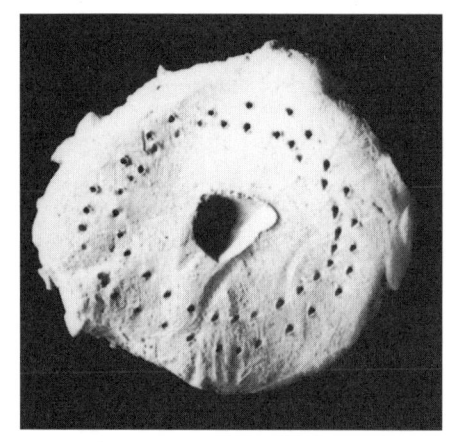

③ 「ドーナッツ（モデル）」

④ 「ドーナッツ」

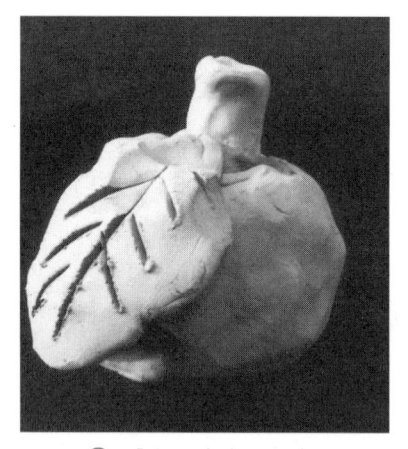

⑤ 「リンゴ（モデル）」

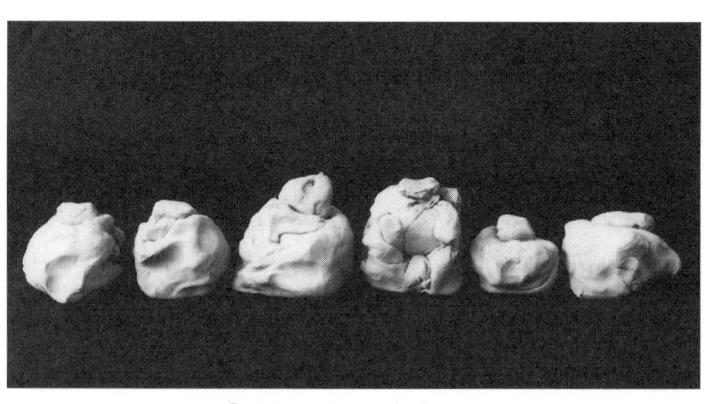

⑥ 「リンゴ6個（北斗）」

③ 制作過程の考察

大まかだが，モデルを示すと模倣できる。「ドーナッツ」の装飾や，「リンゴ」の品種名の想起など，イメージの発展が見られる。描画能力に比べると，立体的な形を作る能力に劣るが，模倣能力を利用し，簡単な形による具体物のレパートリーを増やす必要がある。

なお，⑥の制作の様子は，後述する「表15『具体的な形になりにくい子ども』の逐語記録による個別授業分析（pp.84-85）」で詳しく述べる。

また，本児の実態調査表は，表4（pp.18-19）で述べたとおりである。表11は，本児の粘土における個別指導票である。実態調査表と粘土の授業における実態から，具体的支援のための個別指導票を作成する。

実際の支援にあたっては，個別指導票に子どもを合わせるのではなく，個別指導票をベースに，眼前で展開される活動に合わせた，柔軟な対応が求められるのは言うまでもない。この対応を受けて，個別指導票の修正も随時必要となる。

表11　個別指導票

実態と課題	1	知的レベルのわりには簡単な形が多く，レパートリーも食べ物中心で少ない。粘土をのべ棒でたたいたり，友達と競って粘土を投げたりするが，具体物を作り出すには時間を要する。この実態から考えられる課題は，イメージの深化，形及びテーマの明確化，レパートリーの拡大。
	2	粘土をのべ棒で軽くたたいたり，粘土ベラでひっかいて模様をつけることが多く，身体をダイナミックに動かしたり，粘土を手指で柔軟に操作して，立体的な作品を作るには至らない。課題は，粘土のダイナミックかつ柔軟な操作，立体的な作品づくり。
支援方法	1	(1) 話し合いにより，作りたいものに対する気持ちや，作りたいものの特徴を焦点化する。 (2) 興味・関心のありそうなテーマを提示する。 (3) 参考になりそうな友達の作品を見せる。
	2	(1) 作る前に，両手指を十分操作して粘土を軟らかくさせる。 (2) 丸める，ちぎる，のばすなど，両手指を多く使うものを作らせる。 (3) 形や装飾は，立体的な表現とするために「付け加え」を奨励し，「ひっかき」は補助的に行わせる。
指導上の留意点	1	(1) 活動を褒め，表現に自信を持たせるとともに，失敗を恐れさせない。悪い作品も良い作品も作る気持ちにさせる。 (2) 必要に応じて見本を作ってみせたり，いっしょに作ったり，言葉で指示したりする。 (3) 作品づくりを急がせず，身体全体のウォーミングアップを図るうえからも，身体全体及び手指を十分操作して，粘土を軟らかくしてから作品づくりに入らせる。
	2	(1) 道具類に頼ると手指の操作が不十分になり，作品も平面的になりやすいので，あまり使わせない。 (2) いっしょにやってみせたりして，作り方を具体的に教える。

〈事例No.10〉

① 子どもの表現の実態

自分の持っている筆箱やノート，チラシに載っているものなどをモデルにして作ることが多い。しかも，作り始めるまでに時間を要する。

また，手指による粘土の操作は不十分で，丸・三角・円錐形などの簡単な形にヘラでひっかき模様をつけることが多い（①「はに丸くん」，②「おにぎり」）。

② 子どもに対する具体的支援

本児の課題を，レパートリーの拡大と手指の十分な操作と考えた。レパートリーの拡大に対しては，絵を得意としているので，チラシに載っているものを見て作るのではなく，自分が描いたことのあるものを粘土で作るように促す。「こいのぼり」が上手だったので，褒め，魚づくりを勧める。道具を使わずに，指だけで作るようにやってみせた（④モデル）。その結果，四角い粘土の塊を作ってから魚の模様をつけて，粘土を魚の形に切り抜く。4点（③「魚（4点）」）作るが，4点とも違った魚となる。模様は，ヘラで押したり，ひっかいたり，型押しでつける。

手指を十分操作して作るものとして，「ヘビ」を勧める。その結果，両手で粘土をのばしてから，巻きつける。声がけにより，ヘラで目と口と体の模様をつける。大きな作品となる（⑤「ヘビ」）。

事例No.10の作品

① 「はに丸くん」

② 「おにぎり」

③ 「魚（4点）」

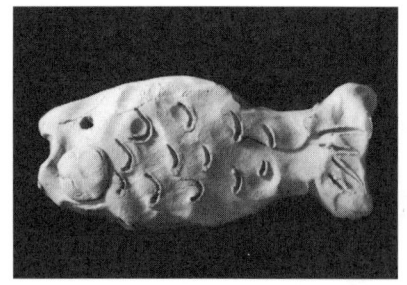

④ 「魚（モデル）」

⑤ 「ヘビ」

第Ⅱ部　造形教育としての土粘土の授業

③　制作過程の考察

絵を得意としていることもあって，模様つけには工夫が見られる。

ヘビの例からも，手指をよく操作して形を作らせてから，ヘラなどによる模様つけを組み合わせるのがよいと思われる。具体的な形にすることはできるので，実物やモデルや写真などを見るのではなく，作りたいテーマを明確にして，そのイメージに添って作れるようする必要がある。そのためには，比較的簡単なテーマを示したり，やりとりしながらイメージの焦点化を図ることが重要である。

以上の2例からも，レパートリーが少なかったり，具体的な形になりにくい子どもに対しては，形の明確化を性急に求めてはならない。土粘土の操作や，粘土の塊からのイメージを重視する。いろいろな道具の痕跡からイメージが誘発される場合も多いので，道具の使用も奨励する。また，興味・関心があって，簡単に作れそうなテーマを働きかける。言葉によって話しかけたり，参考作品を見せたり，作ってみせたり，いっしょに作ったり，子どもに合った方法を考え，イメージを膨らませる。

具体例として，粘土を丸めたりのばしたりできる場合は，ヘビ・リンゴ・イヤリング・ネックレスなどを働きかける。顔を描ける場合は，いろいろな大きさのタタラ（板状粘土）を用意し，木製ペンやヘラで描かせる。同じような顔でも，タタラの形や大きさの違いが，「顔（3点）」（右写真）のような表現の変化をもたらす。

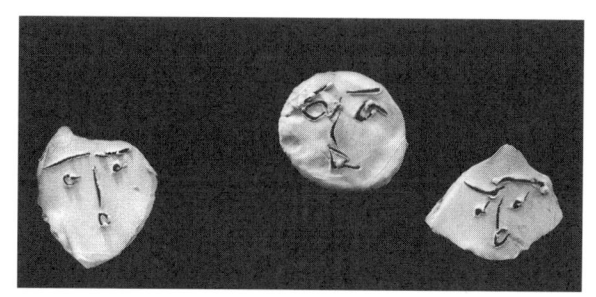

「顔（3点）」

(3)　偶然できた形や痕跡からイメージできる子どもに対して

はっきりした形をまだ作れないレベルの子どもは，夢中になって土粘土を操作するだけでも意味があるが，偶然できた形や痕跡にイメージを絡めていくことが大切である。

その場合，粘土の操作が中心であって，イメージと絡めていくことが優先してはならない。イメージと絡めていくことが優先されると，主たる粘土の操作が中断される。子どもの気持ちの高まりや，形及び痕跡の状況を教師が逐次判断し，タイミングよくイメージと絡めていくことが求められる。

イメージと絡める方法は，子どもからイメージを聞く場合と，教師や友達のイメージを伝える場合がある。

子どもからイメージを聞く場合は，教師の期待感をしっかり伝え，子どもが話したくなる

ような雰囲気をつくる。言葉がはっきり聞き取れる場合はよいが，不明瞭な場合は，正確に受け止めにくい。しつこく尋ねるのは避ける。無理に言語化させる必要はない。見てすぐわかるものを聞くのもよくない。聞くときは，感動や期待感をにじませながら，自然に聞く。答えないときは，それでかまわない。

　また，教師や友達のイメージを伝えることも大切である。ただし，教師が見当をつけて話しかけても，イメージの不十分な子どもは，教師の言葉に反応する。この場合，粘土の形や痕跡を手がかりとした会話でなく，教師とのやりとり自体が目的とならないように注意する。

　子どもと会話しながら，イメージを受け止め，表現に対する自信と安心を持たせるとともに，表現のヒントも会話に盛り込む。イメージをできるだけ正確に受け止め，膨らませるために，興味・関心などのより深い実態把握が必要である。教師として，子どもとの日常のかかわりの深さが問われる。

(4)　手で直接触るのを嫌がる子どもに対して

　手で直接触るのを嫌がる原因は，土粘土に興味・関心がなかったり，表現に消極的だったり，新しい素材に対する不安だったり，いろいろ考えられる。原因の究明よりも，さまざまな方法で土粘土への興味を抱かせる。急ぐ必要はない。じっくり働きかける。

　粘土とのかかわりを持たせるために，のべ棒や握り拳で，土粘土を思い切りたたかせたり，机や床に強くたたきつけさせる。

　道具の使用は，粘土に間接的に触ることになるが，道具による操作に関心がある場合は，尊重してやらせる。道具の使用のほかに，土粘土に布をかぶせて触らせたり，乾燥した粉々の粘土に水を加えさせたり，バラバラの粘土を集めさせたり，教師が作ったものに手を加えさせたり，手を添えていっしょに作ったり，いろいろな方法で働きかける。

　回数を重ねると，集団の力も作用し，しだいに変化する。両手で土粘土に触るには，ヘビづくりが効果的である。

　また，粘土に軽く触りがちなので，弱い力でも変化しやすいように，軟らかめの粘土を用意したり，土粘土を思い切り両手につけてみることも必要である。ただし，土粘土が軟らかすぎると，手が粘土で汚れたり，手に粘土がへばりついて思うように成形できなくなり，逆効果となるので注意する。

　土粘土の軟らかさは，少しの水加減で大きく変化する。活動の始まりはもちろん，活動の途中でも，土粘土が適度の軟らかさになるように調整する。

(5) 上手下手が気になる子どもに対して

　どんなことでも上手下手は関係ないこと，気に入った作品もできれば，気に入らない作品もできること，すべて気に入る作品ができるはずがないこと，気に入らない作品や失敗と思われる作品ができても気にしないことなどを，子どもが実感する方法でしっかりと伝え，失敗に対する恐れの払拭に努める。
　そのためには，短時間に作品づくりを強要してはならない。その子なりの方法で，じっくり取り組むためには，回数の確保が欠かせない。そして，作品や制作過程でよい点が見られたらきちんと伝え，自信を持たせる。表現に対する自信が，表現意欲を増す。充実感や成就感が，上手下手に対する不安を吹き飛ばす。上手下手に対する不安がなくなると，子どもの真の表現活動が展開される。

(6) テーマを決めかねている子どもに対して

　授業開始と同時に，次々と作品を作る子どももいれば，何を作るかじっくり考えてから作り始める子どももいる。テーマを決めるのに時間を要する子どもは，待っていると自分でテーマを決めて，制作にとりかかる。制作活動のリズムは，個人差がある。一人一人のリズムを尊重しなければならない。
　しかし，なかなか制作にとりかかろうとしない子どもがいた場合，テーマを決めるのに集中しているのか，それとも，何となく決めかねていて支援が必要なのかを見極める必要がある。この場合，「ゆっくりでいいんだよ」とか「この前の，かっこよかったね！」とか，自信を持たせるための言葉がけをする。作りたいものや興味・関心のあるものを聞き出して，テーマを焦点化するとともに，状況に応じて具体的なヒントを与える。また，興味・関心があって，作れそうなテーマをいくつか提示してみる。
　効果的な具体的テーマは，第Ⅱ部－2の「(6)　土粘土活動のテーマ（主題）」(p.53) で述べたとおりである。提示したテーマへの反応を見ながら，興味・関心がありそうだと判断したら勧めるとともに，ヒントを与えて制作活動に対する期待を寄せる。

(7) 気分に左右される子どもに対して

　授業になかなか集中できない子どもは，美術に限らず，どの授業でも同じような状況を示すことが多い。集中できない原因を日常の授業から観察し，集中できない原因を取り除く必要がある。

対人関係が主要因となることが多いので，座席の配置に配慮する。子どもとのラポート形成に努め，教師が媒介となって，安定した人間関係の確立を図る。そして，感情が不安定になりそうなときは，話しかけたりして未然に防止する。不安定になったときは，気分の転換を図る。

授業中に問題が起きてからあわてて対応するのではなく，登校時からの子どもの状況を把握する。また，授業のスタートも大きく影響するので，表現意欲を高め，気持ちよく授業に入れるように，導入で雰囲気を盛り上げる。

(8) 模倣レベルの子どもに対して

模倣することが学習課題の子どもには，モデルとなる作品の提示方法が重要となる。作品の提示方法には，完成した作品を提示する方法と，制作過程をモデルとする方法がある。

完成した作品を提示する場合は，本人が技術的に作れそうで，しかも，本人の興味・関心に合った作品を用意し，強制と受け取られないように留意しながら，「こんなの作ってみない？」と働きかける。興味・関心を示さなかったら，別の作品を提示する。ただし，提示した作品に興味・関心を示さない場合は，それ以上の提示を止める。

模倣レベルの子どもはよく観察すると，友達が作っているのを見ながら，似せて作る場合が多い。それも，作品そのものよりも，信頼している友達が作っているのを見て作る場合が

① 「器」の模倣

② 「型押し」の模倣

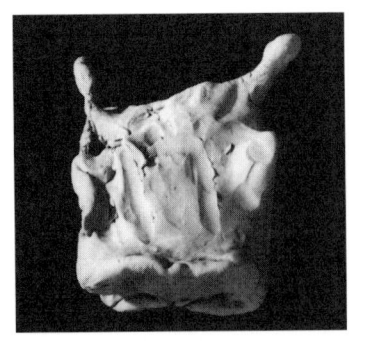

③ 「カギ」

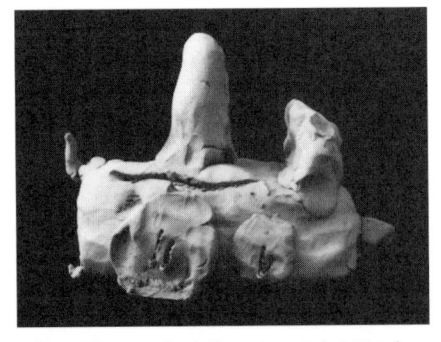

④ 「犬にぼくが乗っている（モデル）」

第Ⅱ部　造形教育としての土粘土の授業

多い。したがって，モデルとさせたい子どもの隣や向かいなど，近くの席で活動させる。本人が自分なりに工夫して作る場合や，主体的に模倣を始める場合はよいが，迷っている場合は同じように作ることを勧める。模倣が課題の場合は，そっくり同じ作品になってもかまわない。しかし，実際は，全く同じに作ることが不可能である。なんとなく似る，雰囲気が似る，これでよい。全く同じでないから，本人の個性が現れ，オリジナルな表現となる。写真①②とも，左の子どもが右の子どもを模倣している。③は④を模倣している。このように，モデルが近くにいると模倣しやすい。

(9) 技術的な援助が必要な子どもに対して

　土粘土には真の可塑性があり，とてもすぐれた素材だが，唯一の欠点に重さや軟らかさがある。作品が大型化したり，複雑化してくると，作品の大型化や複雑化に対応した技術的な支援が必要となる。具体的には，つぶれたり・倒れたり・はがれたり・割れたりするのを防止する技術である。

　ただし，これらの技術は，子どもが試行錯誤を経て発見することもあるので，いきなり教えることは避ける。困っているとき，タイミングをみて教える。技術的な解決によって，イメージどおりの作品に仕上がる喜びは，想像以上に大きい。

　建物に屋根を付けたいときは，屋根の陥没を防止するため，粘土の柱をいくつも入れてから(⑤)，屋根を載せさせる(⑥)。

　動物や人間を立たせたい場合は，実際の長さだと倒れるので，太く短くさせたり，胴体の横に付けさせたりする(⑦)。

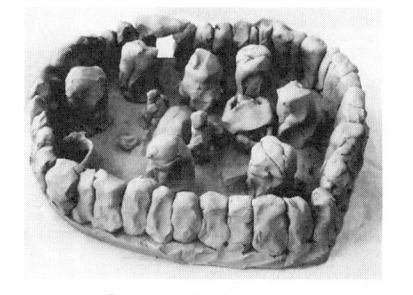

⑤　柱を入れてから

⑥　屋根を載せる

　器類は形が崩れないように，大きさに比例して厚くさせる。薄く作れない場合は，内部を空洞にするために，型を利用させたり，新聞紙を詰めさせる。

　突起物を付けたいときは，筆でドベを付けてから，圧着させる。作っているときの土粘土は，水分があって粘りもあるので一見くっついたように見えるが，乾燥するととれやすいので，ド

⑦　足を横に付けた「犬」

べの使用を奨励する。ドベは，喜んで使う。

　ただし，イメージに添って表現することが優先されるべきで，ドベの使用は強制しない。ドベを上手に使えない場合は，作品の完成直後，教師がドベでとれないようにしておく。

　いずれにしても，技術的な支援のために，表現意欲にブレーキをかけることがあってはならない。教師が作品を作るのではない。教師から見て，結果的にうまくいかないことがあってもかまわない。教師の意のままにならないのが教育である。タイミングの判断は難しいが，本人が技術的な支援を求めているタイミングと合わなければならない。タイミングが合うと表現意欲がますます向上し，夢中になって表現に集中する。こうなると，教師は見守るだけだ。

4　土粘土授業の記録とその評価法

(1)　授業記録の観点と授業記録用紙

　授業改善の手がかりと，子どもの変容及び学習課題を明らかにするために，多面的な授業記録が求められる。

　授業記録は，担当するすべての授業が対象となる。しかし，すべての授業を詳細に記録することは難しい。そこで，受け持つ大半の教科，領域，領域・教科を合わせた指導及び題材・単元は，比較的簡単な記録をとることになる。しかし，教師の授業力を高めるには，授業記録の観点と目的を吟味した，徹底的な授業記録が必要である。担当する教科，領域，領域・教科を合わせた指導及び題材・単元の中から，徹底的に授業記録する対象を選ぶのである。そして，根気強く授業記録をとり続け，徹底的に分析する。

　授業記録の手段は，言葉と映像及び音声が必要である。土粘土の場合，作品及び制作過程をスチール写真やビデオカメラや録音機器で記録することが考えられる。すべての作品を写真に撮り，個人ごと・回数ごと・年ごとに並べる。当然，作品名と作品の大きさもチェックする。さらに，作品及び制作過程のスチール写真を，テーマ・使用道具・模倣・共同制作などの観点で並べる。並べると，変化や全体像が見えてくる。

　言葉による授業記録は，記録の観点を吟味した専用の記録用紙を用意する。そして，記録をもとに授業評価を試みる。授業評価を積み重ねると，授業記録の観点の改善が必然となり，記録用紙も改訂を重ねることになる。

　当初の授業記録は，子ども一人一枠に，自由に記述していた。しかし，自由に記述できるのは長所でもあるが，観点が曖昧で，後日整理するにも不都合であった。観点が曖昧という

ことは，何を記録するのか，子どもにどんな姿を期待するのか，授業で何を大事にしたいのかなどが不明確であるということである。

　そこで，土粘土の授業で重視する観点を洗い出し，授業記録用紙を改訂した。授業記録用紙は，「過程（子どもの動き，教師の支援）」と「結果（作品）」に分かれ，それぞれB4大である。よって，1コマの授業で，B4大2枚に記入することになる。表12及び表13（pp. 72-73）で授業記録用紙を，また資料2（pp. 136-139）に記入例を紹介する。

　各項目の具体的観点は，次のとおりである。

①　ガイダンス（支援）：(1)発問・指示・介助など，(2)反応，(3)解釈・手だて

　教師がどのような具体的支援をして，子どもがどのような反応をしたのか。子どもの反応はどのように解釈できるのか。解釈の結果，今後どのような手だてが必要なのか。これらの概要を記述する。

②　興味・関心：1 全くなし，2 あまりなし，3 あり，4 ややあり，5 非常にあり

　興味・関心の度合いを，段階的に数値化してある。数値を記入するとともに，特記事項があれば記入する。

③　イメージ：1 粘土に触らず，2 いじる，3 形を意味づけ，4 テーマ無関係，
　　　　　　5 テーマ忠実，6 テーマ工夫

　イメージの度合いを，段階的に数値化してある。テーマに対して，本人なりに工夫した表現が教師の願いである。数値を記入するとともに，特記事項があれば記入する。

④　表現リズム：1 無気力，2 回転速い，3 目立たず，4 スロースタート，
　　　　　　　5 ダイナミック

　子どもによって表現リズムは異なるので，そのときの表現リズムを把握する。ただし，じっくり制作するか，次々と制作するかに優劣はない。よって，数字は段階を表さない。

⑤　身体・手指の動き：1 あまり動かさず，2 指先中心，3 全身ダイナミック

　「3 全身ダイナミック」は，手指の操作を含むダイナミックに展開されている状態を示すとともに，教師の願いでもある。「2 指先中心」は，言葉どおり，指先中心のこぢんまりとした動きを指す。よって，数字が段階を表す。

⑥　道具使用：1 不使用，2 多少使用（2-1 道具依存，2-2 道具非依存），
　　　　　　3 積極的使用（3-1 道具依存，3-2 道具非依存）

　道具を使用するかしないかは問題ではない。よって，数字は段階を表さない。土粘土は，手指の操作を中心としたダイナミックな操作が，教師の願いである。ダイナミックな操作の過程で道具を使用するのはかまわないが，道具への依存は望ましくない。

⑦　対人関係：1 なし，2 模倣，3 共同

　一人で活動することが多いが，模倣するか，共同制作するかは大した問題ではない。数字は段階を表さない。しかし，模倣及び共同制作は，座席の配置やテーマの手がかりとなるこ

表12　授業記録用紙（その1）

題　材			内　容			中学部（　　班）		平成　年　月　日（　）	累計（　　）

全体への支援事項

観点\氏名	① ガイダンス（支援）			② 興味・関心	③ イメージ	④ 表現リズム	⑤ 身体・手指の動き	⑥ 道具使用	⑦ 対人関係	⑧ 準備・後始末、身支度など
	(1) 発問・指示・介助など	(2) 反応	(3) 解釈・手だて	1 全くなし 2 あまりなし 3 あり 4 ややあり 5 非常にあり	1 粘土に触らず 2 いじる 3 形を意味づけ 4 テーマ無関係 5 テーマ忠実 6 テーマ工夫	1 無気力 2 回転速い 3 目立たず 4 スロースタート 5 ダイナミック	1 あまり動かさず 2 指先中心 3 全身ダイナミック	1 不使用 2 多少使用 2-1 道具依存 2-2 道具非依存 3 積極的使用 3-1 道具依存 3-2 道具非依存	1 なし 2 模倣 3 共同	
A										
B										
C										
D										
E										
F										
G										
H										
I										

特記事項

第Ⅱ部　造形教育としての土粘土の授業

表 13　授業記録用紙（その 2）

観点＼氏名	⑨ 制作の様子（作品名・制作の過程）	⑩ 作品			
		(1) テーマ 1 操作（形・痕跡）　8 道具・器 2 見立て（形・痕跡）　9 ユーモア 3 食べ物　10 植物 4 知人　11 そのほか 5 TV関係 6 動物 7 自然	(2) 大きさ 1 極小 2 小 3 普通 4 大 5 極大	(3) 形の次元性 1 平面的 2 やや立体的 3 立体的	(4) ひっかき・付け加え 1 ひっかき 2 ひっかきと付け加え 3 付け加え	(5) 認知力 1 形にならず 2 形からイメージ化 3 イメージに添う 4 写実的
A						
B						
C						
D						
E						
F						
G						
H						
I						

特記事項

とが多い。よって，数字を記入するだけでなく，中身を記述する。

⑧ 準備・後始末・身支度など

これらは，授業と密接な関連がある。授業に対する期待が大きければ，準備や身支度にも意欲的に取り組む。授業に対する充実感があれば，後始末にも積極的に取り組む。また，土粘土は机や床が汚れるので，ぞうきんで拭かなければならい。粘土で水に触れているので，同じ水を使うぞうきんがけにも興味を示す。したがって，準備・後始末・身支度などは，子どもの授業に対する期待と充実のバロメーターとなる。授業は展開だけでなく，準備・後始末・身支度などと一体である。準備・後始末・身支度などにおける，子ども一人一人の活動を把握する。

⑨ 制作の様子（作品名・制作の過程）及び，⑩ 作品

どのような作品をどのように制作したかを記述する。制作の順序や，取り組みの変化がわかる。さらに，以下の(1)～(5)によって，作品をチェックする。

(1) テーマ：1 操作（形・痕跡），2 見立て（形・痕跡），3 食べ物，4 知人，5 TV関係，
　　　　　　 6 動物，7 自然，8 道具・器，9 ユーモア，10 植物，11 そのほか

テーマを把握することによって，興味・関心がわかる。長いスパーンで見ると変化が見えてくる。実際に制作されたテーマから，効果的なテーマを探ることができる。テーマの集計は，教師の大きな財産となる。テーマのチェックは欠かせない。「操作（形・痕跡）」は土粘土をこねたりいじる状態，「見立て（形・痕跡）」は形や痕跡から何かをイメージできる状態を示す。

(2) 大きさ：1 極小，2 小，3 普通，4 大，5 極大

作品の大きさは問題ではない。よって，数字は段階を表さない。しかし，その時々の大きさや，大きさの変化を把握することによって，興味・関心の状況が把握できるだけでなく，先を見通した支援が可能となる。つまり，教師が子どもに1コマあるいは数コマで完結することを強要することなく，じっくり構えることができるようになる。

(3) 形の次元性：1 平面的，2 やや立体的，3 立体的

全身をダイナミックに使い，土粘土の操作に慣れてくると，形はしだいに立体的になる。平面的な作品でも，立体的な作品でもかまわないが，平面的な作品に終始することなく，立体的な作品となることが教師の願いである。形の次元性の傾向と変化の把握は，支援の手がかりとなる。

(4) ひっかき・付け加え：1 ひっかき，2 ひっかきと付け加え，3 付け加え

土粘土を十分に操作できないと，形や模様を粘土ベラでひっかいて表現することが多い。当然，作品は平面的なものとなる。一方，土粘土を意のままに操作できるようになると，形や模様を粘土の部品で付け加えるので，立体的な作品となる。教師の願いは後者となる。ひっかき・付け加えの状況を把握しながら，付け加えを奨励する支援につなげる。

(5) 認知力：1 形にならず，2 形からイメージ化，3 イメージに添う，4 写実的

発達レベルを把握するもので，段階を数値化してある。「1 形にならず」は，粘土をいじったり，こねたりする粘土遊びの段階。「2 形からイメージ化」は，はっきりした形にはならないが，その形や痕跡からイメージできる段階。「3 イメージに添う」は，作りたいものを，何を作ったかわかる形に表現できる段階。「4 写実的」は，「3 イメージに添う」の形が，はっきりとわかる（写実的）段階。発達レベルを把握することで，漠然とした支援から，現在の発達レベル及び一歩先の発達レベルの，学習課題に応じた支援への転換が可能となる。

各項目とも，該当する数字を記入するとともに，特記事項を記述する。「全体への支援事項」の欄も設けてあるが，集団全体に関する観点が，もっと必要と思われる。変化が確認できるときは，原因を考察する。

記録をとることや記録の整理の意義として，授業中に見えなかったものが見えてくることが挙げられる。ただし，がむしゃらな記録でも少しは見えてくるが，より見えてくるためには，記録の観点が重要となる。

記録の観点は，教師の授業力と比例する。最初から，授業を深く把握できる観点など存在しない。同じ題材で授業を積み重ね，改善しながら経験を積むしかない。授業に対する教師自身の切実な力量の不足感があれば，不足なものを少しでも埋めるために，必死になれる。必死になると研究が本物となり，確実に授業力が向上する。言葉だけの不足感では，授業改善のためのエネルギーが出てこない。

授業記録の様式に限らず，他の実践から学ぶことは必要だが，頭だけで理解して飛びついても，自分のものとはならない。教師自身が切実な課題として抱えている場合のみ，真に他の実践から学ぶことができる。

(2) 授業参観の観点と授業参観記録用紙

授業担当者による授業評価の限界を克服するために，授業研究会を積極的に開催する。班や学部及び全校単位など，校内のいろいろな単位で，できるだけ多くの回数を実施する。同時に，共同研究者として，外部の人間の参加を求める。また，最終的には公開研究発表会として，広く参加者を募る。

授業研究会は，限られた時間に議論を深めるための工夫が必要である。授業で重視している観点を印刷した専用の授業参観記録用紙を作成し，記入してもらう。参観の観点があることで，授業の見方が深まる。授業参観のあとで用紙に記入する時間を確保し，参観者全員から回収する。回収後，Ｂ４大数枚に収まるように縮小印刷し，全員に配布する。これによって，全員の考えがわかる。発言者の考え方しかわからないという，研究会の弱点を克服できる。

表14 授業参観記録用紙

参観対象の授業の情報(学部・学年・学級,教科・領域,題材・単元名,主題名,日時,指導者名など)

記入者(　　　)　参観時間(　　)

授業参観の観点			考察(気がついたこと・根拠・具体的な改善方法など)
Ⅰ 子どもの動き	1	興味・関心,集中力,主体性	素材や道具,表情,対人関係,充実感,粘土の使用量	
	2	イメージ,認知力	テーマ意識,創意工夫,形の表現力	
	3	表現リズム,道具使用,身体・手指の動き	テンポ,道具の種類と使用頻度,指先,片手・両手,身体全体	
	4	対人関係(友達,教師)	模倣,共同,応答	
	5	作品	テーマ,大きさ,次元性(平面的・立体的),ひっかき・付け加え,形の明快性	
	6	そのほか	準備,後片づけ,身支度,態度,これまでとの変化	
Ⅱ 教師の動き	7	実態把握	障害,発達,個性,生活経験,興味・関心,対人関係,身体機能,表現力	
	8	反応の理解	気分,心情,表情,身体・手指の動き,イメージ,テーマ意識,模倣,制作の過程	
	9	かかわり方(支援)	静観,介助,補助,説明,模倣,言語教示,提示,相談,確認,口調,評価,タイミング,ティームティーチング,激励,促進,賞賛や叱責	
Ⅲ 全体の雰囲気とリズム			緊張と解放,変化,充実感,テンポ,エネルギー,時間の過不足	
Ⅳ 土粘土素材			素材の特質,興味・関心,活動場所,粘土の準備(量及び軟らかさ),手ごたえ,発展性・多様性,失敗の許容,過程・結果の明快性,主体的活動場面,複雑な扱いへの対応,正確さを求めない	
Ⅴ そのほか				

また，印刷配布を前提としているので，参観する側も真剣に授業を見て記入することになる。印刷配布だけで，授業研究会の所期の目的は達成されるが，記載された内容を手がかりに，討議の柱を決めて協議する。協議にあたっては，発言者が限定されるのを防ぎ，全員から発言を引き出すために，グループ討議を併用する。

せっかく授業参観記録用紙を活用しても，印象論に終始してはならない。授業の具体的な事実に基づいて，いかに客観的かつ論理的に議論を深められるかが重要である。

評価の観点は，「Ⅰ　子どもの動き」「Ⅱ　教師の動き」「Ⅲ　全体の雰囲気とリズム」「Ⅳ　土粘土素材」「Ⅴ　そのほか」の5つに分かれ，12項目からなる。さらに，項目ごとの具体的な観点を示してある。授業参観記録用紙は，表14（p.76）のとおりである。用紙の実物はB4縦の大きさである。

授業記録は「個人ごと」，授業参観記録は「全体」の違いはあるが，記録の観点はおのずと重複してくる。授業記録にない授業参観記録の観点は，「7　実態把握」と「Ⅳ　土粘土素材」である。

「実態把握」は，支援のベースとなるもので，障害，発達，個性，生活経験，興味・関心，対人関係，身体機能，表現力などが的確にとらえられていたかを，子どもの動きから考察する。例えば，子どもにテーマを働きかける場合，教師が把握している家庭の状況や友達や興味・関心などから，具体的なテーマを提示することになる。教師が示したテーマに対する子どもの反応により，家庭の状況や友達や興味・関心などの実態把握が適切だったかを考察する。

「土粘土素材」は，土粘土が題材として適しているかを，子どもたちの表現における素材の特質，興味・関心，活動場所，粘土の準備（量及び軟らかさ），手ごたえ，発展性・多様性，失敗の許容，過程・結果の明快性，主体的活動場面，複雑な扱いへの対応，正確さを求めない，などから考察する。

おのずと，「表2　発達に遅れのある子どもにおける題材の条件」（p.14）で土粘土に関連するものは，チェックの対象となる。必要に応じて，この表2は修正を重ねる。

この授業参観記録用紙は，主として，授業研究会における授業参観者の記録に用いられるが，表12及び表13（p.72-73）の個人別授業記録の形式を補完するために，1コマ全体の様子を把握する記録として活用する。

なお，記入にあたっては，感想や意見にとどまらず，根拠や具体的な提案を記入することが望ましい。しかも，箇条書きなどを活用し，できるだけ簡潔かつ見やすく記入する。

記入する内容には，参観者の観察力つまり授業力が投影される厳しさがある。配布された全員の授業参観記録によって，他の参観者との違いがわかる。授業研究会の協議によって，その違いが明確となる。この厳しさを通してこそ，授業研究会参加者の学びが本物となる。授業研究会で問題が共有され，参加者全員にとって意義ある研究会になるかどうかは，授業参観記録の導入を含め，授業研究会の持ち方にかかっている。活発な授業研究会の展開は，

教師集団全体及び教師個人の授業力を，確実に向上させる。形だけの授業研究会は，教師が負担を感じるだけで，授業力の向上には結びつかない。

　残念ながら，授業研究会のレベルは，当該校の教師集団のレベルを超えられない。理想とする授業研究会のレベルを想定し，当該校のレベルを把握する。理想のレベルに一気に高めることは不可能だが，理想のレベルに到達するためには何が不足なのかを吟味し，質の高い授業研究会となるための具体的な手だてを講じることは可能である。授業研究会と授業力が不可分な関係である以上，授業力向上のためには，授業研究会の持ち方の工夫を避けて通れない。

(3)　授業参観記録と授業研究会の実際

　平成元（1989）年12月6日（水），中学部第2班9名を対象とした題材「土粘土」の，全校授業研究会における授業参観記録と授業研究会の協議内容を紹介する。授業参観記録は表14（p.76）による。なお，ほかの授業も並行して展開されるため，授業の最初から最後まで参観できる教師もいれば，交替で参観せざるをえない教師もいる。授業参観記録及び授業研究会の協議内容とも，同じ主旨の記録は割愛した。授業者に対する疑問や批判的意見は大切にしなければならない。よって，疑問や批判意見も割愛せずに記載する。

①　授業参観記録（全校の教師全員が提出）
Ⅰ　子どもの動き
1　「興味・関心，集中力，主体性」（素材や道具，表情，対人関係，充実感，粘土の使用量）
・生徒一人一人が，興味を持って楽しんでいた。
・授業中一人として飽きる生徒もなく，充実感にあふれ，表情が明るい。
・粘土への愛着を込めたざわめきが，一体感となって集中している。
・みんなと作っているという連帯感が，作ることへの興味を引き起こしている。
・ダイナミックな作品も，ふんだんに使える量，作品が残されることで可能と痛感した。
・素材とイメージの順序など，生徒がどのような意識で臨むかに興味を感じた。

2　「イメージ，認知力」（テーマ意識，創意工夫，形の表現力）
・学習というより遊びの意識が生徒たちを楽しませ，発想の広がりを持たせている。
・作品名を話していたが，最初から決めて作ったのか，完成してから命名したのかわからない。
・チラチラ友達が作るのを見る生徒もいたが，自分なりの形を作っていたので，最初からイメージを持っていたのだろう。
・操作過程における，生徒の頭の中で描かれたイメージとは何か，に興味を感じた。
・粘土の使用量と，イメージの契機との関係を追求するとおもしろいと感じた。

- 何を作ろうかと悩むこともしないで，黙ったままの生徒はいなかった。
- テーマが，道具や友達の作品に刺激されて出てくる場合と，自分の中から明らかに意図されて出てくる場合があり，個に応じたイメージを持たせる組み合わせが必要と思った。
- 最初，なかなかイメージがわかなかったようで，粘土をこねたり，前に作り慣れたものを作ったりしていたが，30分くらい経過すると次々と作り出した。発展や工夫もされていた。
- 一人一人の表現力は伸び伸びしてよいが，具体的な形のモデルを示す必要はないものか。
- 最後の時間でもあるし，今までの生徒の様子を見て，「足が4本あるもの」とか「一番怖いと思うもの」など，テーマの意識しやすいものを提示してもおもしろいと思う。

3 「表現リズム，道具使用，身体・手指の動き」（テンポ，道具の種類と使用頻度，指先，片手・両手，身体全体）
- 動きが活発で，テンポが速い。
- 生徒の動きに任せているので，個々のテンポで動いている。
- 全身の力を込めて粘土を床にたたきつけたり，手指を使って巧みに成形するなど，全体によく動いていた。
- 道具の使用も手慣れてきている。
- 立ち上がって棒でたたくと手指が動きやすく，リズムがとりやすいのではないかと思われる。

4 「対人関係（友達，教師）」（模倣，共同，応答）
- 友達の作品をよく見て，模倣している。
- 生徒によっては，何かを作ることよりも，みんなとやっていることの中で作る喜びが感じられ，大切な要因だと思った。
- 対人面の向上を図るには，共同で作品を完成させる機会があってよい。
- 作品に対する友達同士の評価は？

5 「作品」（テーマ，大きさ，次元性［平面的・立体的］，きっかき・付け加え，形の明快性）
- テーマは前回，前々回に作ったものに似たものが多いが，よく見ると，それぞれ工夫してイメージを膨らませている。

6 「そのほか」（準備，後片づけ，身支度，態度，これまでとの変化）
- てきぱきと始末していて気持ちがいい。
- 後始末に積極的で，自分たちの仕事場をきれいにするんだという気持ちが伝わり，うれしそうにやっていた。協力してやっているのが見られた。
- 腕や手指の力も十分入れてふいていた。

II 教師の動き

7 「実態把握」（障害，発達，個性，生活経験，興味・関心，対人関係，身体機能，表現力）

・特になし
8　「反応の理解」（気分，心情，表情，身体・手指の動き，イメージ，テーマ意識，模倣，制作の過程）
9　「かかわり方（支援）」（静観，介助，補助，説明，模倣，言語教示，提示，相談，確認，口調，評価，タイミング，ティームティーチング，激励，促進，賞賛や叱責）
　・生徒との自然なやりとりが，意欲を喚起しているようだ。
　・イメージを持たせて膨らませるために，いろいろな言葉がけや示範をし，生徒の力に応じた働きかけをしていた。
　・作った作品一つ一つにメモして，そのときの気持ちや作品名を記録するようにしているのは大変よい。
　・最後の評価で，一人一人に充実感・満足感を与えるような賞賛をしていた。
　・ひらめきで作ることと，考えて作ることをどのように考えているのか知りたい。

Ⅲ　全体の雰囲気とリズム（緊張と解放，変化，充実感，テンポ，エネルギー，時間の過不足）
　・No.15は，息を切らしながら20分近く粘土に取り組み，十分に心的解放がはかられていた。全体的にも，15分くらいの解放の後に，落ち着きが徐々に没頭へ向かい，最後の反省ではエネルギーが消えることなく，粘土で作ることへの期待が見られた。
　・生徒の動きが大きく，いきいきしている。
　・自由に話しながら活動できる雰囲気があった。
　・No.7が，見られているという緊張感をほとんど持たずに作っていたのは，「粘土」という素材に対する興味・関心のためか。

Ⅳ　土粘土素材（素材の特質，興味・関心，活動場所，粘土の準備［量及び軟らかさ］，手ごたえ，発展性・多様性，失敗の許容，過程・結果の明快性，主体的活動場面，複雑な扱いへの対応，正確さを求めない）
　・素材としては，楽しく取り組めるもののようであった。
　・水で貼り付けたりすることができる点，長所だと思った。
　・実際に触ってみたが，軟らかく，匂いもなく，感触もさっぱりし，冷たくもなく，わずかの大きさでも重みが感じられ，適していると思われる。

Ⅴ　そのほか
　・授業記録は評価の観点が整理され，よく工夫されている。
　・指導計画で粘土の種類が書かれているが，指導内容はどのようになっているか知りたい。

　② 　授業研究会（全校）
　提出された授業参観記録と全校の研究テーマから，協議の柱を「自由制作と課題制作」，「イ

メージの深め方」,「美術の表現力と生活力との関連」の三つとした。

ア 「自由制作と課題制作」をめぐって

授業参観者から

- 自由制作と課題制作に分けるのではなく,一人一人の実態に合わせた支援が必要である。
- 自由制作と課題制作の境界がわからない。いったん作り始めると,別なものを作れと言っても難しい。
- 課題を示してから考えさせ,イメージを深めさせてはどうか。
- 粘土の最後の授業なのだから,課題制作でもよかったのではないか。
- 自由にやらせても,なかなか作れず難しい。モデルがあったほうがよいのではないか。
- 教師の援助,技術の向上があってこそ,上手になるのではないか。

授業者から

- ある程度具体物を作れる生徒がそろっている高等部段階では,一斉に同じ主題で制作(課題制作)することも可能だが,中学部の生徒は,粘土の操作自体に興味を持つ生徒もいるので,統一したテーマ(主題)は難しい。表面的にみんなが同じものを作るよりも,十分に素材とかかわったり,イメージを深めさせることが大切である。
- 自由制作の形をとっているが,生徒の実態に合わせて,具体的なテーマを提示してみたり,作ってみせたり,作り方を教えたり,いろいろ働きかけている。
- 自由制作か課題制作は,大した問題ではない。教師が全くかかわらないなら別だが,表現特性に応じた働きかけが重要である。

イ 「イメージの深め方」をめぐって

授業参観者から

- No.12が作りながら教師に話しかけたとき,粘土に関連する内容かもしれないので,大事にしたほうがよい。
- イメージの定義を再確認し,イメージの意味をしっかり把握する必要がある。
- 作ったものに,「だんご」や「へび」と命名してよいものか。言葉を添えることによって,イメージが固定しないか。安易なネーミングは避けたほうがよいのではないか。
- 粘土の量とイメージの関連はどうなのか。どれくらいの量が適切なのか。もてあましているように見えた生徒もいたので。

授業者から

- すぐにイメージが浮かんで作り出す生徒もいれば,作り出すまでに時間を要する生徒もいるので,生徒一人一人のリズムを大事にしている。
- 粘土を十分に操作し,なじむことが大切で,いきなりモデルを示したり,テーマを与えてもよくない。
- 粘土を感覚的に遊びながら操作するレベル,塊から見立てるレベル,イメージに添って

作るレベルなど，発達及び障害特性や表現特性に応じた支援が大事である。
- No.11は，痕跡からひらめき，イメージがわいているようだ。ひらめいた場合は聞いてあげるなど，しっかり受け止め，イメージを深めてあげることが大切である。自分で考えて，イメージに添って作る場合も，さらに発展するようにアドバイスすることが大切と考えている。
- No.9は，久しぶりの粘土だったこともあって，大きな塊を操作したい衝動に駆られたと思われる。結果的に，大きな塊を生かした作品にならず，小さな作品を多数作ったが。
- 粘土の量は，できれば無制限に与えたいが，予算もあるので使用量の目安をつけ，生徒のいっぱい使いたい気持ちと調整していかなければならない。一回あたりの使用量が増えてくると，回数を減らしたり，大きな作品を作った後は残りの粘土で小さなものを作るように働きかけたりしている。

ウ　美術の表現力と生活力との関連
授業者から
- 美術は単なる作品づくりではなく，心情の表現であり，自分の気持ちが表現できることは，生活力と密接な関連がある。

エ　助言者から
イメージについて
- 参観者のイメージは，写実的なイメージに近づけようとしているのではないのか。イメージは写実的なものばかりではない。
- 子どもと大人は認識の仕方が違う。写実的なものに似せようとするのは，間違いである。大人がわかるものに近づけようとすると，イメージは広がらない。例えば，顔から直接手足が出てもかまわない。障害児も同様である。
- イメージを広げるには，造形だけではだめである。日常生活のどのようなものに関心を持つのか，感動するのかを把握すること。また，その場をどのように提供していくかが重要である。
- イメージの広げ方は違うので，個々の能力に応じた支援をし，その子の能力を最大限に発揮させてやることが，イメージを広げるうえで大切である。

フロスティッグ視知覚発達検査の結果について
- 写実的なものを作れる生徒は，全項目とも数値が高い。
- イメージから出発し，特徴が表現できる生徒は，
  Ⅰ（視覚と運動の協応）：写実的なものを作れる生徒と同じか，それ以上。
  Ⅱ（図形と素地）・Ⅳ（空間における位置）・Ⅴ（空間関係）：写実的なものを作れる生徒に近い。
  Ⅲ（形の恒常性）：写実的なものを作れる生徒より低く，あまり形にならない生徒と同じ。

第Ⅱ部　造形教育としての土粘土の授業

- あまり形にならない生徒は全般に低い。
- 立体的なものを作れる生徒はⅣ（空間における位置）が高く，平面的なものを作るレベルの生徒はⅣが低い。

そのほか
- 芸術作品を作ろうとする意識はないが，障害児の作品は素晴らしく，根本的な生命力を感ずる。

　以上から，授業研究会では三つの柱について活発に話し合われた。ただし，協議の深まったものもあれば，深まらないものがあったのも事実である。教師集団の力量や授業研究会の進め方の問題もあるが，すべての問題が一回の授業研究会で解決できるとは思わない。大切なのは，このような授業研究会を日常化し，議論を深めることである。

(4) 一人の生徒の動きを徹底的に記録し分析する
　　― 1コマ80分の逐語記録による個別授業分析 ―

　授業記録及び授業参観記録の不足を補うために，一人の生徒を対象に，80分1コマの逐語記録をとり，徹底的な授業分析を試みる。普段の授業で逐語記録をとることは難しいが，研究の目的を明確にして，重点的に行う。

　逐語記録は，一人の生徒の動きを徹底的に記録するもので，話し言葉はもちろん，表情・雰囲気・身体や手指の動き・テンポ・道具の使用・作品の制作過程などを注意深く観察して，徹底的に記録する。

　記録をとるには，同僚の協力が欠かせない。記録する教師の感受性や観察力を大事にしながら，テープレコーダーやビデオカメラ及びスチールカメラなども活用する。

　記録は，「教師の動き」「子どもの動き」「作品」に分けてまとめる。さらに，まとめた記録をもとに，「解釈と手だて」を考える。

　「解釈と手だて」を考えるにあたって重要なことは，まず，何についての「解釈と手だて」を考えるかである。授業には，あらゆることが詰まっている。ゆえに，あらゆることが「解釈と手だて」の対象となるが，実施された授業の核心に迫るテーマであることが求められる。

　教師が授業に対してどれだけ課題意識を持って臨んでいるか，同時に，研究活動が真に日常化しているかが問われることになる。

　また，「解釈と手だて」を考えるにあたっては，一つの解釈や手だてに決めつけず，ブレーンストーミング方式で，考えられるあらゆる解釈と手だてを列挙してみる。列挙した中から，該当するものを推察する。明らかに当てはまらないと考えられるものは，消去する。表15では，該当しないと判断したものは，×印とした。

　そして，個別指導票と照合し，必要に応じて修正するとともに，次回の授業に反映させる。

表15 「具体的な形になりにくい子ども」

教 師 の 動 き	子 ど も の 動 き
・「粘土持っていったら，どんどんやってください。」 ・「きよみ君も下ですか。」 ・「きよみ君もさ，まず，粘土を高い所から投げれば？」と，粘土を持ち上げて，落としてみせる。 ・粘土が軟らかくなった頃，「ちょっと，こうしてみるか。」と，ちぎってみせる。「どうだ軟らかい？」 ・ちぎった粘土を両手でまとめるように指示し，示範する。 ・「きよみ君の，この前のタクシーすごかったな。今日，何作りたい？」 ・「大きいね，何みたい？」 ・糸を伸ばすのを補助する。 ・「ちゃんと見てろ。」と言いながら，球（りんご）を作ってみせる。「おっ，これくっつければいいか。」と，本児がちぎった粘土をドベでくっつけ，つるにする。「ふじだ，ふじ。」と，りんごの品種名を言う。 ・「わき見すればまいねよ。」と言いながら，再び丸め方を具体的に教える。 ・できたりんごを手のひらにのせて眺め，「おっ，いいね，いいね，これは。」と言う。 ・「りんごできた？　おろろろ，いっぱいできたんじゃない？　葉っぱも作るか。」と話し，葉を作ってみせる。 ・「1，2，3，4，5，6つもできた。すごいね。これは？　これもりんごですか？」，「りんごが6つ，だんごが2つ。」 ・「どれ，きよみ君も。おっ，顔描いたのかな？　それはいい考えですね。」 ・作品を見て，「今まで，こんなにいっぱい作ったことなかったよね。新記録です。これも拍手です。」	・「よーし。」と言い，最後に粘土をもらい，急ぎ足で座席に戻る。 ・「よーし，わー，重い粘土だなー。」と言いながら，立って粘土を胸のあたりまで持ち上げ，床のプレート板へ落とすが，はがしにくいためか粘土を床に置いたままのべ棒でたたく。 ・「今日の粘土重いなー，ちょっとなー，ウォー。」と言い，持ち上げて落とす。「キャー，ハハハ。」などと声を出し，力を入れてたたきつける。 ・首を振ってうなずき，「うん，軟らかいよ。」と，少しずつちぎる。ちぎるたびに，からだが反動で後方へ動く。「まなぶ，がんばれ。」と，友達に声をかける。 ・指先がのびたまま右手でたたき，ときどき周囲を見ながら，粘土をまとめようとする。 ・黙って，粘土を見ながらたたく。頭を右に傾ける。友達や参観者を気にし，話しかけたり，ときどき手の動きが止まる。粘土を糸で切る。 ・「バニラのアイスだ。」 ・「おもしろいなあー，あらー，切れちゃったよ，アハ。」 ・自分の持っていた粘土を差し出す。「うん，これつけで。」 ・「おー，つがる。」と，りんごの品種名を言う。 ・周囲を見て手を休めるが，粘土をプレート板にぶつけるなどして，どうにかまとめる。指で穴をあけ，つるをドベでくっつける。 ・「うーん，北斗。」と，リンゴの品種名を言う。他の先生方に「りんごだもん，りんごだ。」と，得意げに言う。 ・りんごを作り続ける。周囲の会話を聞き，ニコニコしながら，りんごに穴をあけ，つるを差し込む。「入るべが？　おー，入った，入った。りんごできた。りんごー。」 ・「だんごです。」「わー，疲れでまったじゃー。」 ・「うん。」 ・「なかった，なかった。」

第Ⅱ部　造形教育としての土粘土の授業

の逐語記録による個別授業分析

作　　品	解　釈　と　手　だ　て
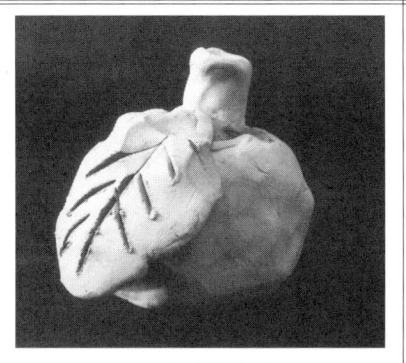 モデル「りんご」 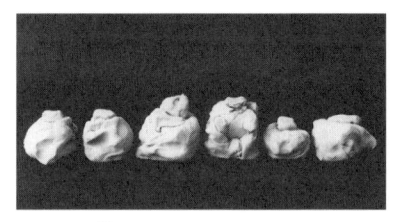 ①　「りんご（6個）」  ②　「だんご（2個）」 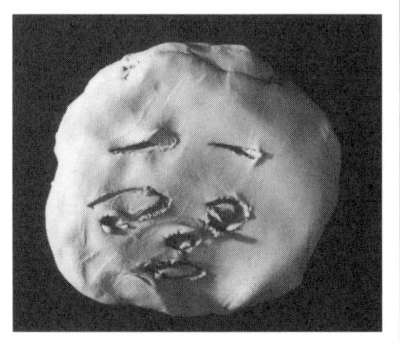 ③　「ぼくの顔」	ア　周囲を頻繁に見る 　1　集中力に欠ける。 　　(1)　取り組みの姿勢が弱い。 　　　・表現を肯定・信頼し，主体的な行動を引き起こす。 　　　・粘土をじっくり操作させ，粘土のおもしろさを味わわせる。 　×(2)　器質的な疾患（被転導性）がある。 　2　まわりが気になる。 　　(1)　粘土の操作よりも，人とのやりとりそのものを楽しむ。 　　　・ペアや小グループによる制作活動を働きかける。 　　　・友達や教師をモデルにさせる。 　　　・じっくり話し合い，テーマをはっきりさせる。 　3　周囲の気を引きたい。 　　　・受容しながらも，テーマに向かうように仕向ける。 　4　よく見ている。 　　　・まなざしをしっかり受け止める。 イ　具体物をなかなか作らない ×1　感覚運動のレベルである。 　×・粘土をじっくり，思い切り操作させる。 　2　粘土自体に不慣れである。 　　　・粘土をじっくり，思い切り操作させる。 　3　イメージがわかない。 　　　・形よりも，本人なりの意味づけを大切にする。 　　　・興味・関心があって，本人が作れそうなものを引き出し，イメージの焦点化を図る。 　4　表現技術が伴わない。 　　　・現在のレパートリーを手がかりに，変化・発展させる。 　　　・作り方を具体的に教えたり，教師が作ったものに手を加えさせる。 ウ　反響言語がある 　1　易刺激的（同調しやすい）。 　　　・反響言語にならない工夫をする。 　　　　①　一方的に聞かない。 　　　　②　わかりやすい言葉で，簡潔に話しかける。 　　　　③　表情や身振りも大切にする。 　2　人格が未形成である。 ×3　疾患（自閉症）がある。 エ　教師の語りかけ 　1　「いいね，いいね。」，「すごい。」など，からだごとの感嘆符的な表現が見られる。 　　　・からだごとの感嘆符的な表現は大切である。ただし，子どもを信頼し主体的な行動を引き起こすためには，「できた。」「上手ね。」など，口先だけの評価とならないようにしたい。

表 16 「模倣レベルの子ども」

教師の動き	子どもの動き
（前時の作品を見て） ・「これは，みつたか君のだ。お皿。じゅんちゃんだったら，何を入れるのかな。」,「ケーキ入れるのかな。」	・黙って，作品を見る。
・「さ，今日は新しい粘土です。どういう粘土でしょうか。」	・身を乗り出して，粘土の箱をのぞく。 ・席を立って，大きな塊をもらい，戻る。
・「まず，いっぱいたたきましょう。たたくとね，軟らかくなるから，いっぱいたたいてね。」	・立って，粘土を顔のあたりから，机にたたきつけるように落とし，軟らかくする。
・「できた人は，教えてくださいね。」	・無言で制作する。両手を巧みに使い，縁を盛り上げ，しだいに形ができる。 ・作品が完成し，T1に持っていく。 ・立ったまま，考えるように，粘土を両手でたたいたり，押したりする。 ・座ったまま，四角い粘土を机に立てて，指で押したり，手の縁でたたいたりする。少しずつ形ができてくる。
・「みつたか君，いい車作ったなあ。」	・二つ目の作品を完成。「やったね。」 ・粘土を，大きな四角の形にする。多少集中力が落ちているようで，制作のスピードが遅くなる。 ・黙って，周囲を見ながら制作する（友達同士は話す）。
・（作品についての話）「みつたか君も大きいのができましたよ。」,「みつたか君ね，コップだが，ね。」,「それから，もっと作ったんです。こう見るのかな。怪獣に見えるって，みつたか君の顔に見えるって，みんな。大怪獣か，これも拍手です。」	・右耳をいじりながら，照れくさそうな笑顔で，作品を見る。 ・左右をチラチラ見ながら，拍手する。
・「よし，じゃ，この次もやるか。」	・目を輝かせ，握りこぶしをあげ，「やるぞ。」のポーズをとる。

第Ⅱ部　造形教育としての土粘土の授業

の逐語記録による個別授業分析

作　　品	解　釈　と　手　だ　て
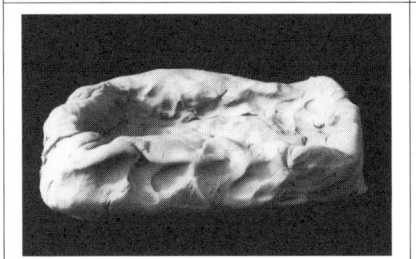 ① 「コップ」 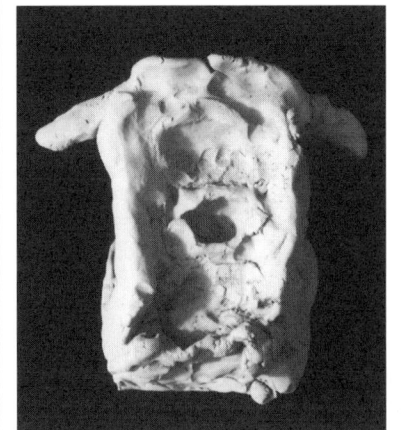 ② 「くるま」 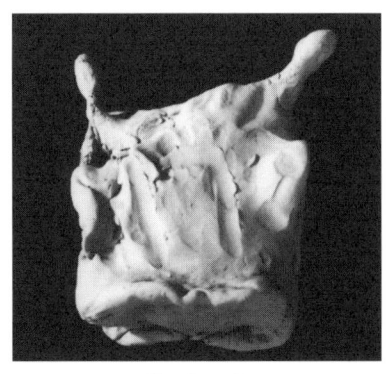 ③ 「カギ」	ア　「模倣」する対象 　本児は隣の席の，表5(pp. 20-21)のNo. 3が作るのを，まねて作る傾向が強い。本児の「コップ」はNo. 3の「おふろ」，「くるま」と「カギ」は同じくNo. 3の「犬にぼくが乗っている」または「オオカミ」の模倣と考えられる。 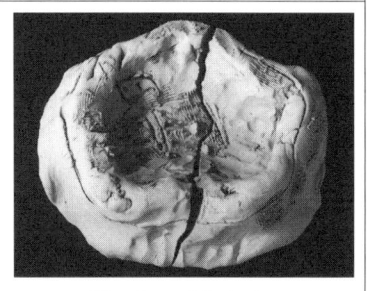 No. 3の「おふろ」 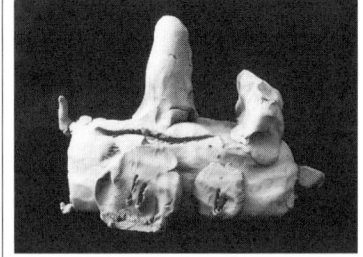 No. 3の「犬にぼくが乗っている」 　　No. 3の「オオカミ」 イ　「模倣」することの解釈と手だて 　1　発達上，模倣の時期である。 　　・大いに模倣させる。 　2　主体性（自己表現）に欠け，ほかに頼る。 　　・現在持っているレパートリーを手がかりに，具体的なものを作らせる。 　　・作れそうなテーマを示す。 　　・イメージを確かめ，膨らませる。 　3　イメージはあるが，作り方がわからない。 　　・参考作品を見せる。 　　・目の前で作ってみせる。 　　・いっしょに作る。 ウ　粘土の操作の様子 　・両手指をよく動かし，力も加えている。 　・粘土の操作に，それなりに集中し，操作に対する充実感を持っている。（拍手や「やるぞ。」のポーズにも現れている。） エ　まとめ 　制作にすぐとりかかるので，感覚運動期を過ぎ，前概念的思考の段階（pp. 23-25参照）にあると考えられる。模倣を大事にするとともに模倣力を利用し，「模倣」することの解釈と手だてで示した，すべての手だてを試みる必要がある。 　留意点として，「本人の気持ちを尊重し，無理せず，徐々に働きかける。」，「命名が目的ではないので，作品名をしつこく尋ねない。」の2点を重視したい。

表17 「技術的な援助が必要な子ども」

教　師　の　動　き	子　ど　も　の　動　き
・前時の作品を見せる。	・友達の作品をよく覚えていて，(K・M)(K・J)(N・M)(K・Y)と作者を当てる。
・粘土を切って渡す。	・まず，ヘラなどの自分で使う道具を選ぶ。
	・もらった粘土を，のべ棒でたたく。
・机の上で，たたきつけて角を丸めてやり，「今度，かなちゃんもこうやって投げてみれば？」	・ニコニコ顔で，示範を見て，まねしてやる。粘土が机にくっつき，とれにくいので苦労する。
	・持ち上げてたたきつけるのを止め，粘土を置いたまま，手でたたく。
・「できた人は，教えてくださいね。」	・再び，のべ棒で粘土の塊をたたく。
・「何を作るか，決まった？」	・「家。」
	・少しちぎって作り始め，まとめたものをのべ棒で薄くのばす。
・「薄くて，とれにくいでしょう。切ってあげる。」T2が糸で切って，補助する。「何作るの？」	・「家。」
・「のばしてから作るの？」，「これ，壁？」	・「屋根。」
・「先に家のまわり作って，屋根はそれから載せたら？」	・「うん。」
	・夢中で作る。平らな粘土を3枚作り，残りの粘土の塊に，拳とのべ棒を交互に使い，大きな穴をあける。
・「屋根がついたね。」	・近くの先生に話しかけながら，着々と制作し，屋根を載せる。しかし，重みで屋根がへこむので左手で押さえるが，手をはずすとつぶれるので，屋根をとり，机の上でたたき直す。
・屋根がへこんで，へこんだままにするか，それとも，上に載せたいかを確かめてから，柱を入れることを教え，やってみせる。「かなちゃんの家にも，柱があるでしょう。」	・助言に従い，柱を入れる。
	・家に，窓やのぞき穴をつける。のぞき込んで，うれしそうに笑う。
	・細い丸棒や木製ペンによる穴あけを，楽しんでいる。
	・家が完成する。
・作品について，「これ，作った人？」	・手をあげる。
・「これ，なんだっけ？」	・「家。」
・終了後，「今度，いろいろなお家作るといいね。」	・「うん。」

第Ⅱ部　造形教育としての土粘土の授業

の逐語記録による個別授業分析

作　　品	解　釈　と　手　だ　て
・しばらく，棒でたたく。 　　　↓ ・部品を作る。 　　　↓ ・組み立てる。 　　　↓ ・穴をあけ，のぞく。 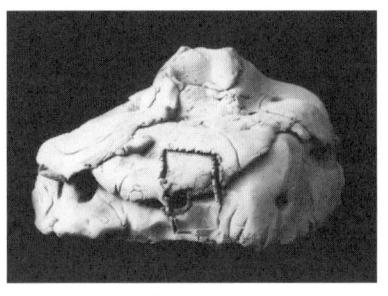 ①　「家」	**ア　イメージ（リズム・工夫）** 　・いつもよりも早くテーマを決める。理由として，粘土への慣れ，友達からのヒントが考えられる。 　・「部品を作る→組み立てる→楽しむ」と，よく考えて工夫する。これは，本児の精神年齢の高さ（7歳8カ月）が考えられる。 **イ　「テーマの決定」の解釈と手だて** 　1　テーマを決めるまで時間がかかりがちだが，よく工夫されたものを作るので，支援はあまり必要ない。 　　・周囲が作り始めても，あせらない雰囲気づくりに心がける。 　　　①　ゆっくり作ってもよい（早い人も遅い人もいてよい）ことを伝える。 　　　②　作品の数は一つでも，いっぱいでもかまわないことを伝える。 　　　③　テーマが決まるまで，粘土をたたかせる。たたきながら，イメージを膨らませるとともに，焦りを取り除き，リラックスさせる。 　2　前年度，表5（pp. 20-21）のNo.9が作った「家シリーズ」の影響が考えられる。 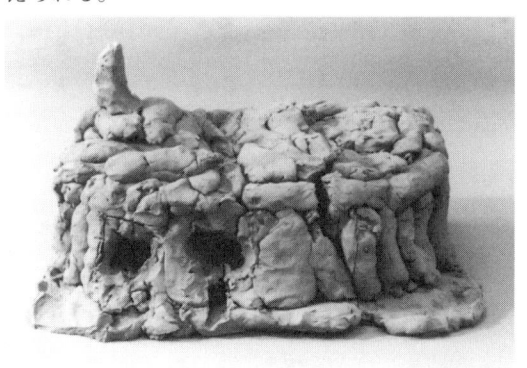 No.9の「おうち」 **ウ　教師による技術的な援助** 　1　屋根が陥没しないための柱を入れてみせ，納得させたうえで教える。 　　・複雑なもの，よく工夫されたものを作ることが多いので，何を作りたいのか，何を作ろうとしているのか，どうしたいのかを確かめる（直接聞く，あるいは推察する）。 　　・必要に応じて，やり方を本人にわかるように具体的に教える（言語教示，示範など）。

以上，①「具体的な形になりにくい子ども」，②「模倣レベルの子ども」，③「技術的な援助が必要な子ども」の3例を紹介した。各事例について簡単に補足しておく。

①　具体的な形になりにくい子ども（表15）

　表5（pp. 20-21）のNo. 4の生徒で，個別指導票は表11（p. 63）に示してある。第Ⅱ部－3の「(2)　レパートリーが少なかったり，具体的な形になりにくい子どもに対して＜事例No. 4＞」（pp. 61-63）でも紹介した生徒である。

　逐語記録から，周囲を頻繁に見る，具体物をなかなか作らない，反響言語がある，教師の語りかけ，について，「解釈と手だて」を試みた。

②　模倣レベルの子ども（表16）

　第Ⅱ部－3の「(8)　模倣レベルの子どもに対して」（pp. 68-69）でも紹介した，表5（pp. 20-21）のNo. 2の生徒である。

　この逐語記録から，「模倣」する対象，「模倣」することの解釈と手だて，粘土の操作の様子，まとめ，の順に考察した。

③　技術的な援助が必要な子ども（表17）

　表5（pp. 20-21）のNo. 13の生徒である。第Ⅱ部－3の「(9)　技術的な援助が必要な子どもに対して」（pp. 69-70）も参考となる。

　この逐語記録から，イメージ（リズム・工夫），「テーマの決定」の解釈と手だて，教師による技術的な援助，について考察した。

　なお，逐語記録の表は，1コマの授業における対象児にかかわることを，細かく記載してある。ただし，紹介した3つの事例とも，記載した内容を間髪入れずに，次々と支援しているわけではない。時間の経過が記録されていないのでわからないが，対象児がじっくり取り組んでいる時間は当然ある。教師がじっくり待つ時間もある。今後は，それぞれの時間の経過がわかる記録を考える必要がある。

　さらに，授業が集団で展開される以上，個別授業分析だけでは片手落ちである。教室全体の雰囲気や，子ども同士のかかわりなども，資料2（pp. 136-139）の授業記録及び表14（p. 76）の授業参観記録用紙の授業参観の観点などにより，把握する必要があることは言うまでもない。

　それぞれの授業記録が有機的かつ補完的な役割を持っている。多面的かつ総合的に授業を把握する一つの方法が，逐語記録による個別授業分析である。

　また，逐語記録による個別授業分析は，授業分析のために費やすエネルギーの大きさとデー

第Ⅱ部　造形教育としての土粘土の授業

タの細かさから，授業分析をきちんとできた錯覚に陥りやすい。

授業分析の「テーマ」及び「解釈と手だて」が授業の核心からずれていると，授業の本質が見えてこないだけでなく，授業改善に直結しない。

授業分析の「テーマ」の設定及び「解釈と手だて」の考察は，授業担当者や教師集団及び当該の授業にかかわる人間のレベルを超えられない宿命を背負っているが，議論しながら深めていくしかない。

(5) 子どもの土粘土表現の1年間の変化（中学部1年生）

授業記録と撮影した作品を，個人別に全員分を切り貼りして，1年間の変化を探る。ここでは，土粘土に取り組んだ最初の1年間の表現の変化を，表5（pp.20-21）のNo.3の生徒（中学部1年生）の事例を通して，概括する。

美術の授業は，1回80分（1コマ40分を2コマ続けて行う）である。粘土の授業は，1年間に9回実施した。9回とも，テーマを決める，いわゆる課題制作とはせず，自由制作とした。ただし，9回のうち2回は，油粘土と紙粘土を比較研究のために実施したので，土粘土は7回となる。同じ素材で比較するために，土粘土の7回で制作した作品を紹介するとともに，取り組みの様子を簡単に述べる。

①　1回目（6月20日）

粘土を両手で，力強く何度もたたく。結果的に円錐に近い形となり，怪獣を連想する。ヘラで顔や模様を描くように促すと，喜んで描く。最初の怪獣を褒めたら，気分をよくし，さらに二つの怪獣を作る。その後，粘土に指を押し込んで穴をあけ，「長コップ」を作る。

1回目は，結局4点作る。

1　「かいじゅう」　H19.5 cm

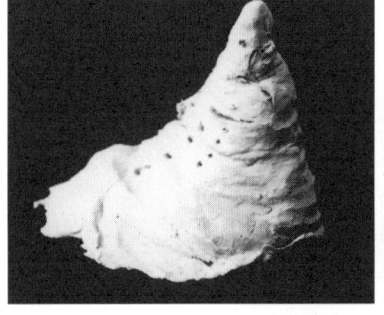

2　「にわとりかいじゅう」　H14.0 cm

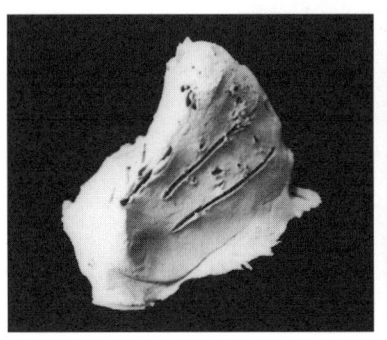

3　「しんやかいじゅう」　H9.0 cm

4　「長コップ」　H7.0 cm

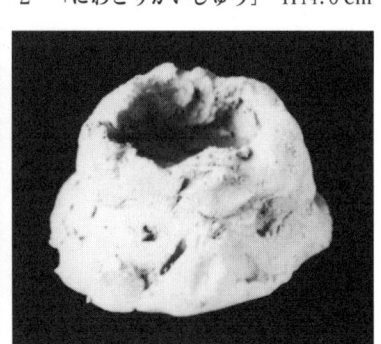

91

② 2回目（6月27日）

5 「やさしいかいじゅう」　H13.5 cm

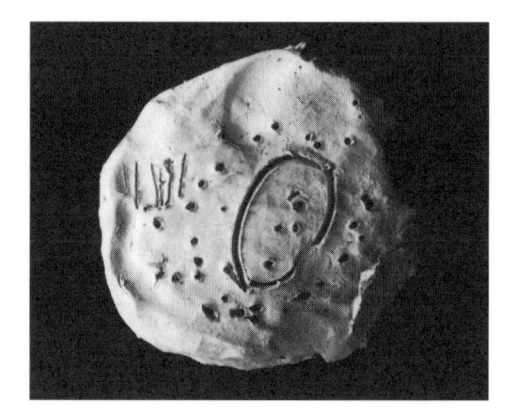

6 「ジャンボケーキ」　φ22.5 cm

　友達の影響で怪獣を作る。さらに，粘土の塊や平らな粘土に，「模様つけたら」と促されて描く。前回と同様，最初から何かの形を作るのではなく，たたいたりして偶然できたものに，促されて模様をつける。

③ 3回目（7月4日）

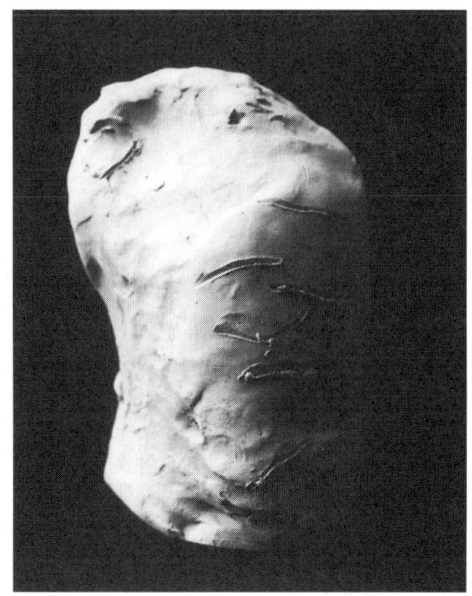

7 「モグラ」　H23.0 cm

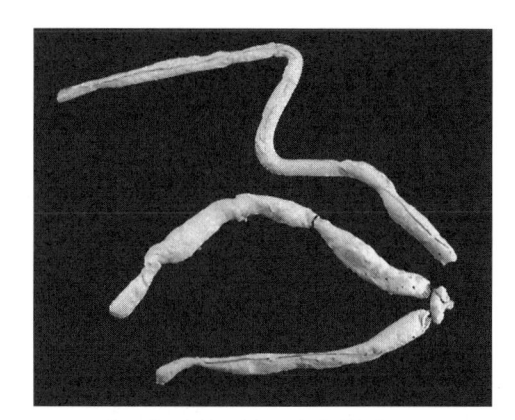

8 「ヘビと虫」　大L87.0 cm

　この回から全員に，大型化，皿づくり，ヘビや魚などの動物づくりを勧める。本児も早速，大きな塊を作ってからヘラで模様をつけ，モグラを作る。特筆すべきことはモグラを作ったことによって，「モグラがヘビを食べ，ヘビが虫を食べる」とイメージを広げる。虫が3匹の大きなヘビに食われているシーンを制作する。口が開き，目もつく。ヘビの線模様は，促されてつける。大きな作品となる。

④ 4回目（7月11日）

　全員に前回の作品を見せて、大きく作ることや、ヘビづくりなどを奨励する。テレビのつまみなども、道具に加える。手指をよく動かし、粘土ベラも積極的に使う。

　「オニ」は、粘土を大きくのばし、ヘラで顔を描く。高等部の「へんな顔」を参考に見せたら、××などの模様を加える。

　「いれもの」は、両手の指先に力を入れ、粘土の塊を掘る。

　「ヘビ」は、前回の作品に自信を持っていて、大きく作る。1匹は口を開け、牙も描く。

　褒められ、制作意欲が向上する。同時に、作りたいものをイメージしながら、素直に形にすることができるようになる。

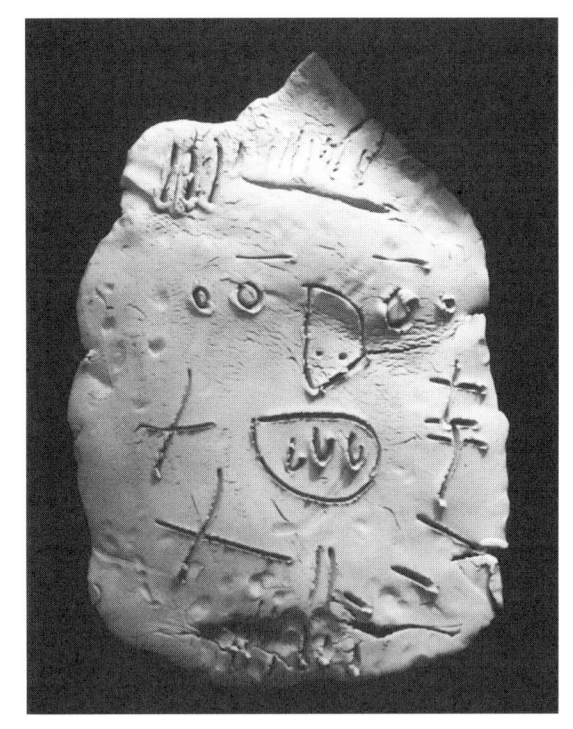

9　「オニ」　H23.0 cm

10　「いれもの」　W21.5 cm

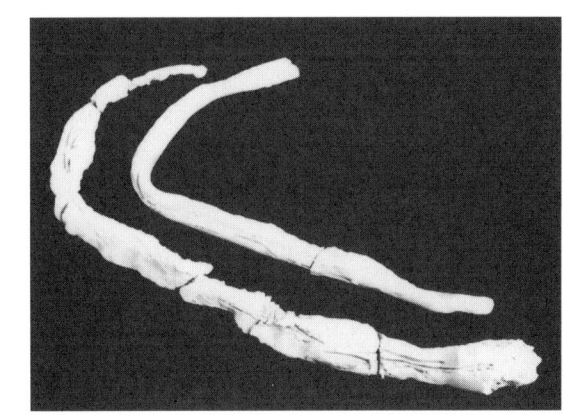

11　「ヘビ」　大 L95.0 cm

⑤ 5回目（7月18日）

　前回と前々回のこともあって、ヘビを作りたがる。ヘビは合格と話し、動物（犬・猫・魚など）を促す。作りながら形が変化する。自分が乗った「犬」を作る。犬の足がつぶれかけたので、胴体の横に付けるのをやってみせたら上手にやる。

　「かいじゅう」は、たたいた粘土の塊に、ヘラで目などを描く。粘土を何度も催促しながら、たくさんの丸い塊で覆う。

作品は大まかだが，大きい。力強く，自信を持って制作する。くっつけたり，ひっかいたり，動きがダイナミックである。

12 「犬」 H18.5 cm

13 「かいじゅう」 H25.5 cm

⑥ 6回目（10月25日）

意欲的かつダイナミックに取り組む。「毒ヘビ」2匹と「白いヘビ（これだけ紙粘土）」を作る。「毒ヘビが，白いヘビを食べたいから，けんかしている」と話す。さらに，「白いヘビが，友達が作ったのを守っている」と言って，友達が作ったヘビに絡める。このように，初めて友達との関係が見られた。

14 「毒ヘビ（2匹のうちの1匹）」 L2.0 m

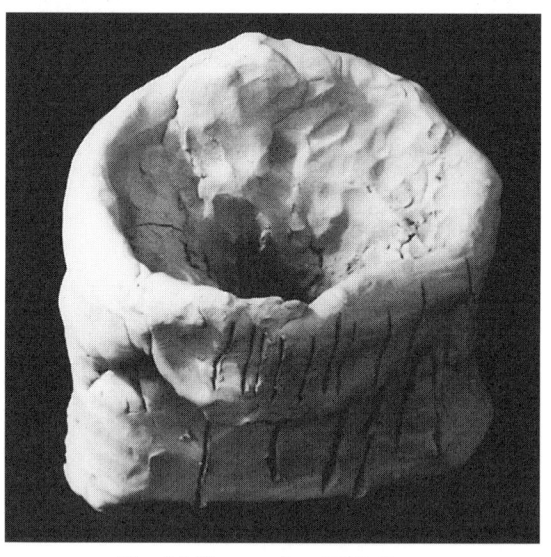

ヘビはとても長かったので，教師が完成後の移動を考えて，箱に入れるように働きかけたが無駄だった。

子どもにとっては，制作がすべてである。完成後の移動の都合に合わせることはないわけで，教師のかってさを恥じる。大きな板に載せることは，作品がほとんど変形しないためか，受け入れる。

ヘビ4点のほかに，粘土の塊に手で穴をあけ，太い丸棒を突き刺してから外側にヘラで縦の線模様をつけた「大物コップ」を作る。写真のほか，長さ1m31cmと10cmのヘビ2点を作る。

15 「大物コップ」 H20.5 cm

第Ⅱ部　造形教育としての土粘土の授業

⑦　7回目（12月6日）

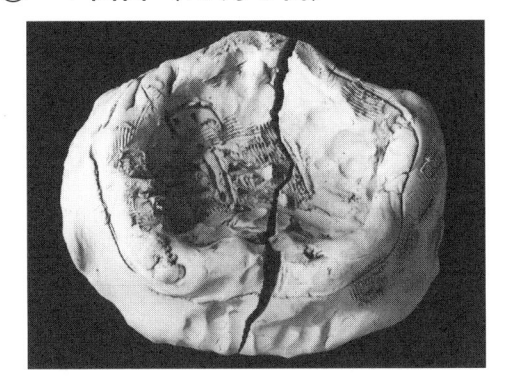

16　「おふろ」　W30.0cm

17　「カメ」　H51.0cm

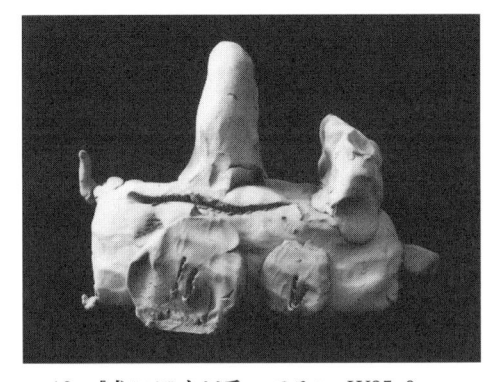

18　「犬にぼくが乗ってる」　W25.0cm

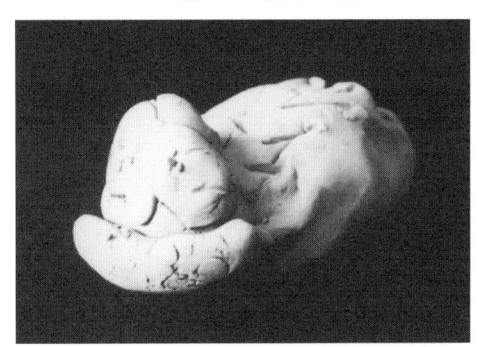

20　「猫が魚を食べている」　W13.0cm

19　「オオカミ」　W26.5cm

21　「犬が魚を食ってる」　W21.0cm

前回までの優れた作品を導入で見せる。意欲的に取り組む。犬，猫，オオカミと動物の種類が増える。さらに，動物単独ではなく，人が乗ったり，魚を加えたりなどの工夫が見られ

る。1作目の「おふろ」でつけた櫛模様に興味を示し，櫛模様のイメージが4作目の「オオカミ」の毛の模様となる。足や模様つけなどを奨励した。ひっかいてつけるのもあるが，魚・頭・顔・尾・足・人などを，付け加えによって立体的に表現することが増える。作品は，今までで一番多い6点作る。

⑧ 1年間の変化についての考察

本児は，1年間7回の「土粘土」授業で，写真の21点を含む計23点の作品を制作した。1〜2回目の作品と，7回目の作品を比較すると，その変化は一目瞭然である。

ア テーマ

1〜2回目は，テーマに添って作るのではなく，偶然できた形からイメージする。4回目あたりから，作りたいものをイメージしながら作るようになる。7回目になると，動物に人間を乗せたり，犬や猫が魚を食べたり，櫛模様を動物の毛に見立てたりなどの工夫が見られる。

イ 形・大きさ・模様

1〜2回目の作品は簡単な形で，あまり大きくない。最初は粘土をたたいて，ヘラで模様をつける程度だった。付け加えは5回目以降となる。3回目から大型化，5回目から立体化が見られる。

ウ 手指及び身体の動き

手指及び身体の動きは，5回目あたりからダイナミックな動きになる。

エ 友達の影響（集団の教育力）

友達の作品からのヒントや友達の作品との合体など，直接の影響が見られる。また，集団での制作は，お互いの表現意欲を高めている。

オ まとめ

1〜2回で止めたら7回目の表現が生まれなかったと思うと，回数の必要性を思い知る。5回目くらいから，作品がしだいに大型化・立体化・複雑化し，テーマも広がり，工夫した表現が見られる。手指及び身体の動きも，しだいにダイナミックになる。

素材（土粘土）になじみ，素材の性質を感覚的にわかるためのウォーミングアップの期間として，最低5回は必要である。1〜2回で終了したのでは，素材の性質をわかる前に終了してしまうことになる。

簡単なテーマ・身近なテーマ・参考作品を示したり，道具による装飾を促したり，技術的なアドバイスをしたりなどの働きかけをしたが，本人なりに受け入れ，自分の表現として発展させている。同時に，働きかけに素直に反応する「土粘土」素材の意義を痛感せずにはいられない。

第Ⅱ部　造形教育としての土粘土の授業

(6) 子どもの土粘土表現の長年の変化

　授業は1コマで完結するのではなく，一つの題材や1年で終わるものでもない。回数を重ねると，1年でも大きな変化が見られることは，紹介したとおりである。

　ここでは，4年間（事例1）と6年間（事例2）にどれだけ変化したかを，年度ごとの顕著な特徴（作品もしくは取り組みの様子）から明らかにする。

　土粘土を本格的に導入してみると，教師の想像を超えて，子どもたちは夢中になって活動に取り組んだ。そこで，週1回の美術の授業で実施できる土粘土の授業は限定されるので，年間を通して活動できるクラブ活動（やきものクラブ）を創設した。紹介する二つの事例の子どもは，土粘土が大好きで，やきものクラブにも所属した。

①　4年間の変化（事例1：中学部3年～高等部3年）

　本児の授業は，中学部3年に初めて担当した。それ以前は，土粘土の経験はあまりないようである。高等部2～3年時は高等部の美術を担当しなかったが，学校全体の研究活動の一つに「土粘土」が採り上げられたので，土粘土は活発に展開された。なお，本児は4年間やきものクラブに所属した。美術とクラブを合わせて，4年で約80回の土粘土の活動に取り組んだ。

ア　1年目（中学部3年）

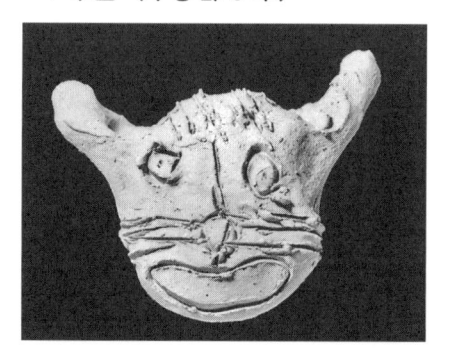

1　「ネコ」　W17.0 cm

2　「先生の顔」　W26.0 cm

イ　2年目（高等部1年）

3　「先生の顔」　H24.0 cm

ウ　3年目（高等部2年）

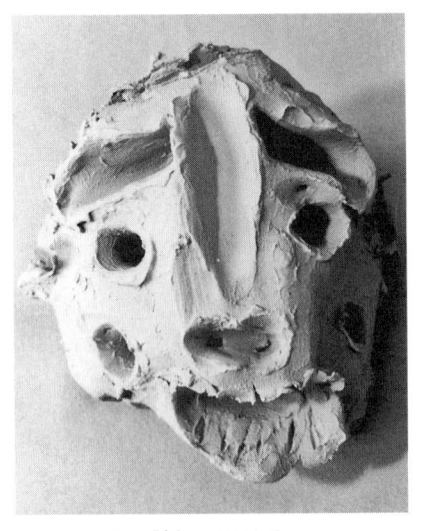

4　「顔」　W16.0 cm

5　「ウシ」　H17.0 cm

エ　4年目（高等部3年）

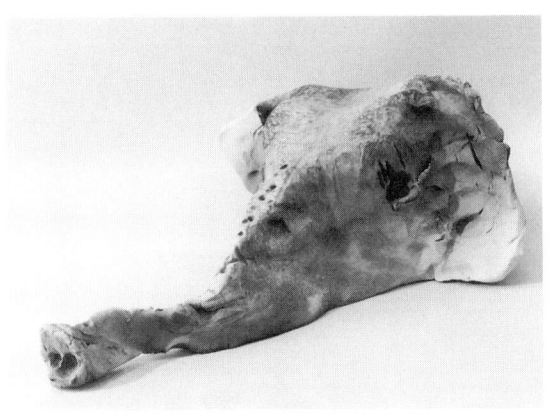

7　「ゾウ」　W39.0 cm

6　「人形」　H31.5 cm

オ　4年間の変化についての考察

　1年目は，作品が平面的で，模様もひっかくだけである。2年目の前半の作品（3「先生の顔」）は一見立体的であるが，土練機から出た円柱の形がそのまま残る。2カ所に穴をあけ，ヘラで模様を描いている。ところが，2年目の後半の作品（4「顔」）以降は，土練機から出た円柱の形の面影がなくなり，自由に土粘土を操作するようになる。作品も立体的で，大型化する。

　本児は言葉によるコミュニケーションが苦手で，しかも，素直な表現ができないが，2年目後半以降になると，非言語である土粘土によって，みごとな表現活動が展開される。

第Ⅱ部　造形教育としての土粘土の授業

②　6年間の変化（事例2：中学部1年～高等部3年）

本児の美術を，中学部1年から高等部3年の6年間担当した。また，中学部3年と高等部1年及び高等部3年は，やきものクラブに所属した。美術とクラブを合わせると，土粘土の活動は約120回となる。大量の粘土を積極的に使用する。1回に10～20kgとして，6年間で1～2t使ったことになる。以下，活動年月日順に概括する。

ア　1年目（中学部1年）

1　S 63.6.15.（「かいじゅう」　H 25.5 cm）

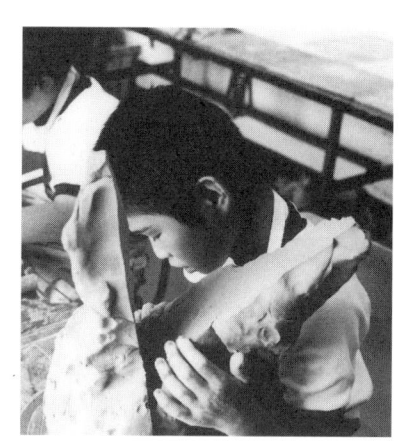

2　S 63.7.6.

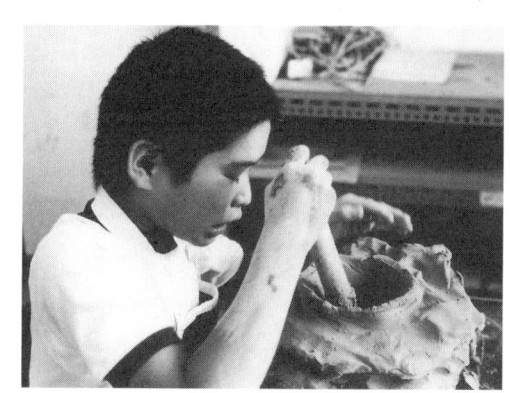

3　S 63.7.13.

4　S 63.9.7.

5　S 63.9.14.

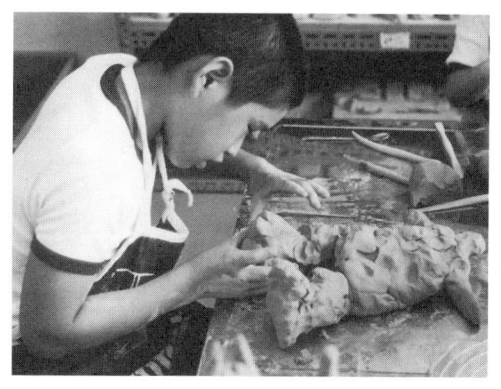

6　S 63.9.21.

99

7 H元.2.7.(「みきさんへの
　ケーキ」　W20.0cm)

イ　2年目（中学部2年）

8　H元.6.27.

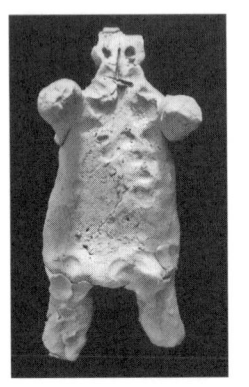

9　H元.6.27.(「ロボット」　H27.0cm)

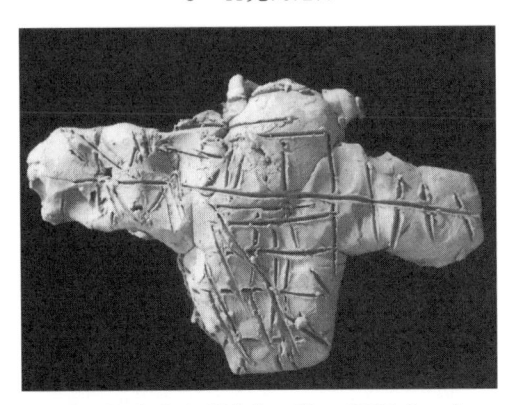

10　H元.7.4.(「大きい鳥」　W27.0cm)

11　H元.10.25.

12　H元.12.6.(「雪ダルマ15点」　大H17.5cm)

第Ⅱ部　造形教育としての土粘土の授業

ウ　3年目（中学部3年）

13　H2.6.5.

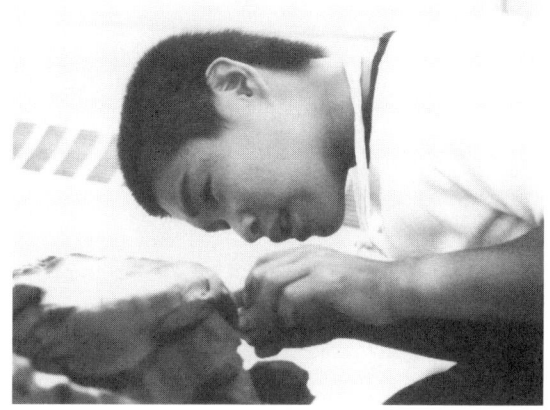

14　H2.6.19.

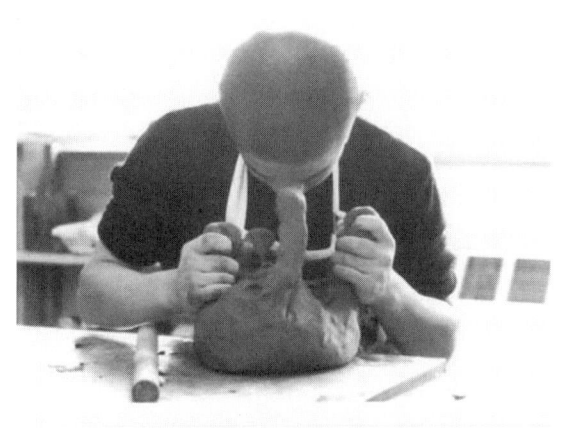

15　H2.11.16.

エ　4年目（高等部1年）

16　H4.3.3.

17　H4.3.17.

オ　5年目（高等部2年）

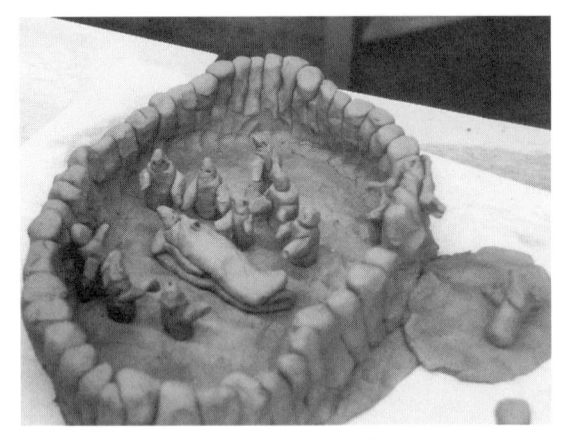

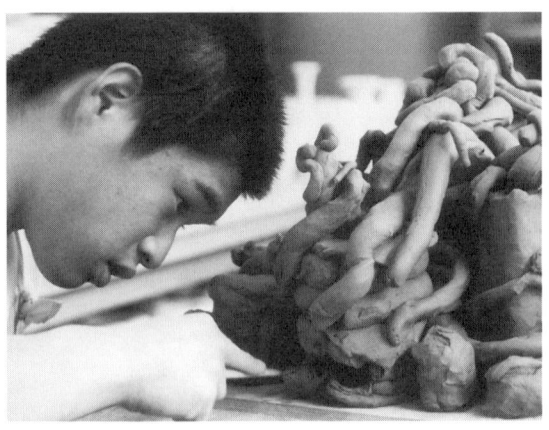

18　H4.12.8.

19　H5.3.2.

20　H5.3.16.

カ　6年目（高等部3年）

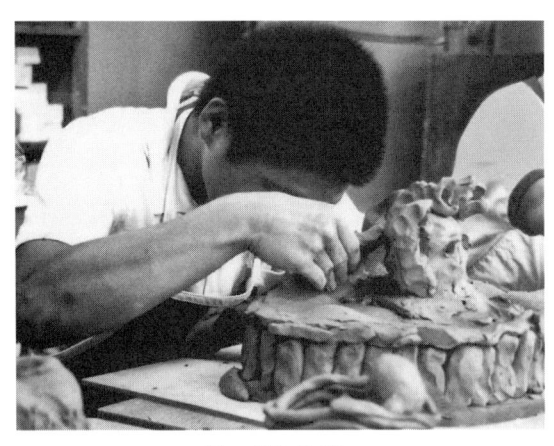

21　H5.7.13.

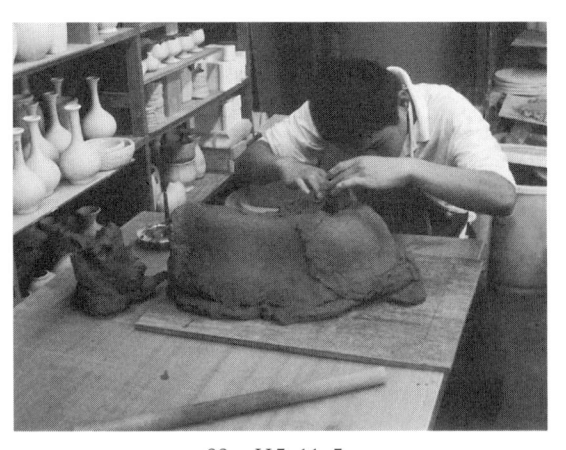

22　H5.11.5.

キ　6年間の変化についての考察

1年目は作品を作ることよりも，土粘土を思い切りたたいたり，穴をあけたり，ワイヤーで切ったり，粘土ベラを刺したりすることが多い。

1年目及び2年目の作品は，「かいじゅう」や「ロボット」などを好んで作る。動物や家なども，勧められて制作する。回数を重ねるに従って，作品が大型化する。

3年目あたりから，粘土の使用量が増える。4年目あたりからは粘土を自由に操作し，複雑なもの，ストーリー性のあるものを作るようになる。

16は，ボクシングの対戦を表している。

18は，父の葬式の様子を再現している。中央に亡くなった人，まわりに見送る人が配置されている。

19は，何匹ものヘビが絡まっている。

21及び22は，複雑な家を立体的に制作している。23は家に数匹のヘビが住みついている。

23　H5.（「ヘビの家」　H 32.0 cm）

作品の立体化・大型化・複雑化・ストーリー化は，5年目及び6年目に著しいが，いきなり作品は作らない。粘土を力いっぱいたたくなどのウォーミングアップを経てから，制作にとりかかる。時間いっぱい夢中になって活動し，表現の喜びにあふれている。

③　まとめ

ア　回数を重ねることと見通しを持つことの大切さ

土粘土に取り組んだ回数は，事例1が約80回，事例2が約120回である。この回数を多いと考えるか，それとも少ないと考えるか。普通は，おそらく数回で終わる。

授業が数回で終わる場合は，事例1に当てはめると，1の「ネコ（p.97）」と2の「先生の顔（p.97）」，事例2では1の「かいじゅう（p.99）」と7の「みきさんへのケーキ（p.100）」及び9の「ロボット（p.100）」のレベルで終わることになる。

少ない回数では，事例1の5「ウシ（p.98）」・6「人形（p.98）」・7「ゾウ（p.98）」，事

例2の18・21・22（p.102）及び23「ヘビの家（p.103）」は決して生まれない。

ここに教育の怖さがある。回数を重ねることによって，はじめて体性感覚がいきいきと働き，手ごたえとして実感できる。そう考えると，約80回と120回の回数は決して多いとはいえない。むしろ，子どもが授業の中で真に存在するためには，必然となる回数である。

回数を重ねることによってしか見えてこない変化がわかってくる。教師は，実践経験の範囲内でしか見通しを持つことができない。実践を極めることによって，真の見通しを持つことができ，じっくり構えることができる。子どもは，3年・6年・12年と在籍する。1～2年で担任が変わり，支援の積み重ねや引き継ぎがされない教育だけは避けなければならない。在籍期間を見通して，目標とする子どもの姿を明確に描きながら，じっくりかつ確実に支援しなければならない。

　イ　素材としての土粘土のすばらしさ

4年間及び6年間の変化を見ると，あらためて変化の大きさに驚かされるとともに，土粘土がいかにすぐれた素材であるかを実感させられる。

表現力に課題を抱えている子どもたちにとって，「土粘土」は思いのままに操作することができ，思い切った表現が可能となる最良の素材である。

　ウ　表現力と生活力は密接につながっている

事例1及び事例2とも，表現力に課題を抱えていたが，粘土による主体的な表現力の向上が，生活全般に安定をもたらし，意欲をはぐくんできた[10]。

つまり，表現力の変化と生活力は密接な関連がある。私たちは，作家を育成するために教育しているのではない。ものごとに主体的にかかわり，自ら生活力を高めながら，豊かでたくましく生きていく人間の育成を目指さなければならない。

事例1は高等部卒業18年目，事例2は高等部卒業15年目を迎える。二人は，現在も同じ会社でたくましく働いている。

卒業後たくましく生活している事例1及び事例2を考えても，在学中の土粘土を通して，とことん自分を表現した自信が，大きな支えになっているものと確信している。

教育は将来の豊かな生活のために，どれだけ確実に，年輪のごとく蓄積できるかにかかっている。豊かな表現力が，その大きな要素であることは疑う余地がない。

(7) 個々の子どもの広がるイメージと制作過程

いきなり作品を作り始める人。長い間考えてから作る人。道具の変化を味わう人。粘土の大きな塊にものすごい力で働きかける人。極小の作品を作る人。作品を次々と作る人。一つの作品をじっくり作る人。友達との会話を楽しみながら作る人。土粘土との取り組みは，実にさまざまである。ここでは，制作過程を9事例紹介する。

第Ⅱ部　造形教育としての土粘土の授業

　どの事例からも，イメージを広げながら，夢中になって土粘土に取り組んでいることが伝わってくる。同時に，豊かな表現活動を展開するための手がかりがここにある。

① **事例1「土粘土のとりこに」**

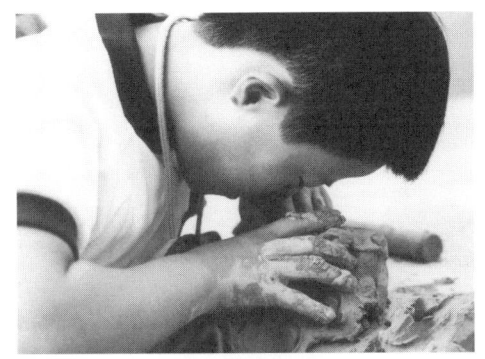

「木のおうち」　H18.0cm

　道具はいっさい使わずに，両手指だけで土粘土をたたいたり，ひっかいたり，のばしたり，積み重ねたりする。夢中になって，とりつかれたように活動を続ける。
　「気持ちは？」と聞くと，「最高！」と答える。

105

② 事例2 「一心同体」

「オニ」　H15.0 cm

　土粘土を切ったり，穴をあけたりしているうちに「鬼」のイメージがわいてきたようだ。心情が粘土に溶け込み，一体となる。本人も自然に「鬼」の表情となり，制作に没頭する。

第Ⅱ部　造形教育としての土粘土の授業

③　事例3 「道具自在」

道具をいっぱい確保し，つぎつぎ取り替える。道具の手ごたえをじっくり味わい，道具による痕跡や変化を楽しみながらイメージを広げる。

「ホットケーキ（うめきせんせい）」　φ22.0cm

④　事例4「スライスし，一気に」

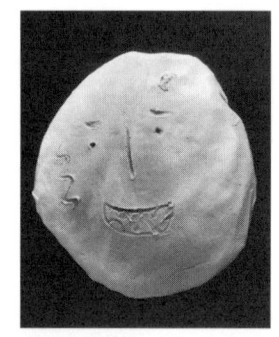

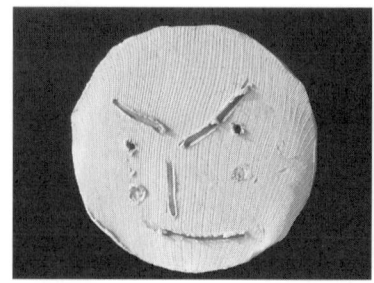

「成田先生の顔(コブ，血管)」　「さとし(おごってる，目玉4つ)」　「きみこ(笑っている顔)」

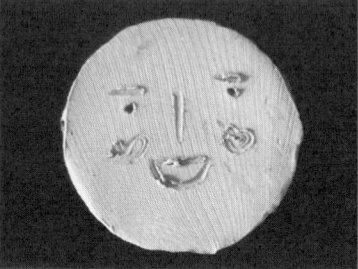

「まさひろ(ハゲ)」　「はなおか先生(ハートつけて)」　「きだち」

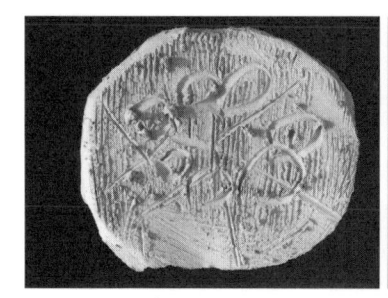

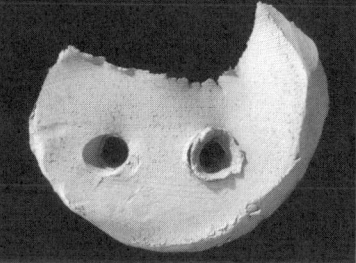

「さとしのピザパイ」　「ブタ(さとしの鼻)」　「ブタ(きみこのブタ)」

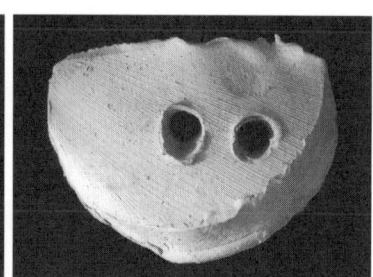

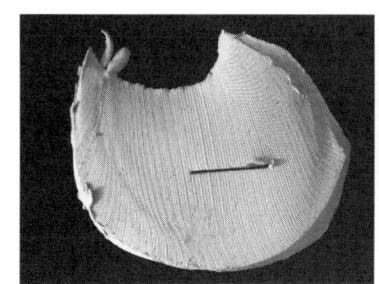

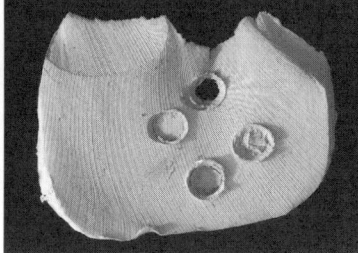

「貯金箱」　「さとしがミスター味っこのハムエッグ」　「まさひろハゲ」

　土粘土を，糸で薄く切るのに興味を示す。直径10cm，長さ20cmくらいの円柱形の土粘土を，上から薄くつぎつぎとスライスしては顔などを描く。一気に12点作る。顔は，いずれも特徴をよくとらえている。前半の6点は，友達や先生の顔を似せて作るが，後半の6点は痕跡からイメージする。

⑤ 事例5「楽しみながら」

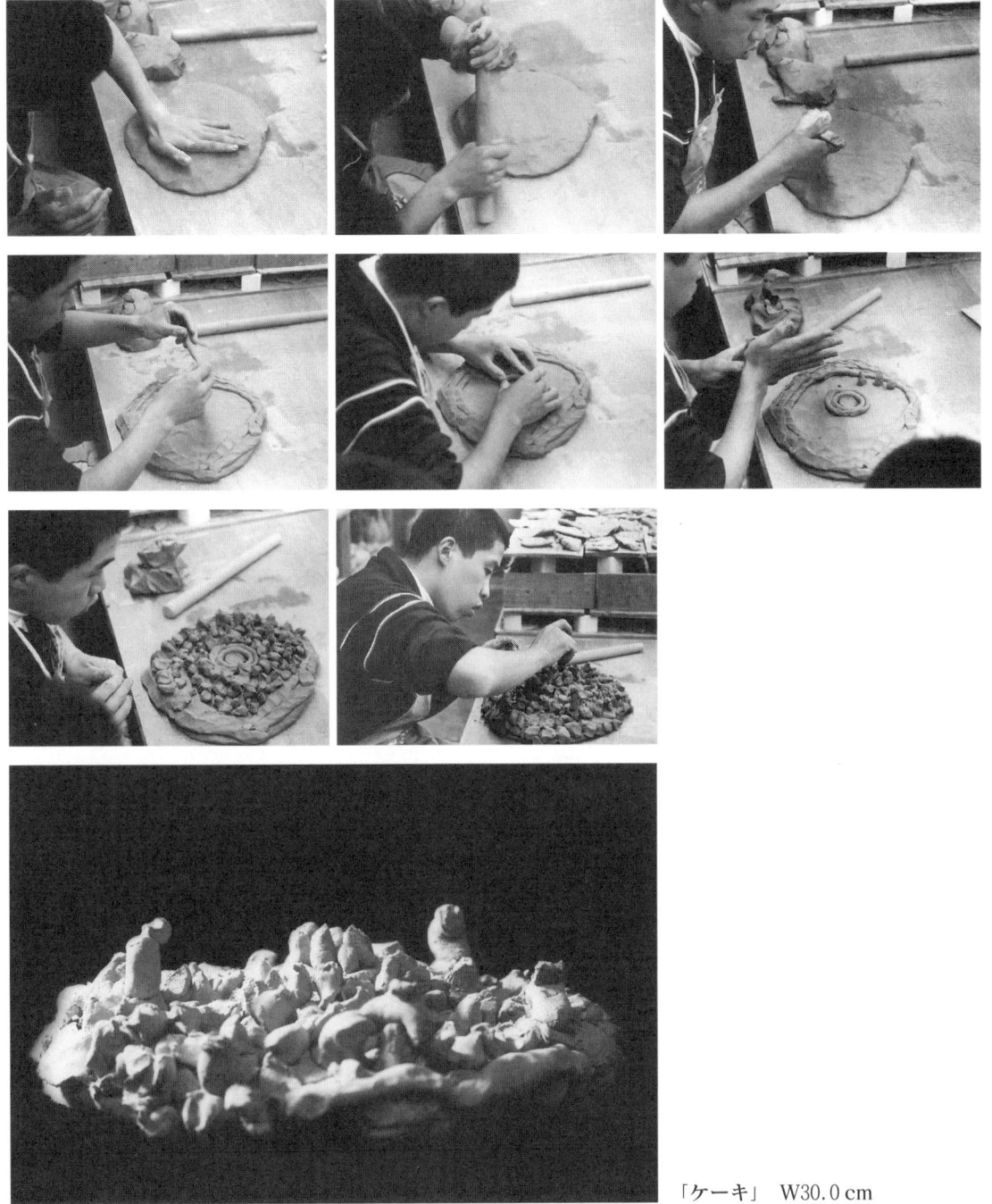

「ケーキ」 W30.0 cm

　土粘土を自在に操作しながら，友達や先生との会話を楽しむ。その間，手を休めずに作り続ける。黙々と制作するタイプも多いが，周囲とのやりとりを楽しみながら，リラックスして粘土と対話する生徒も少なくない。

⑥ 事例6 「力強い指先」

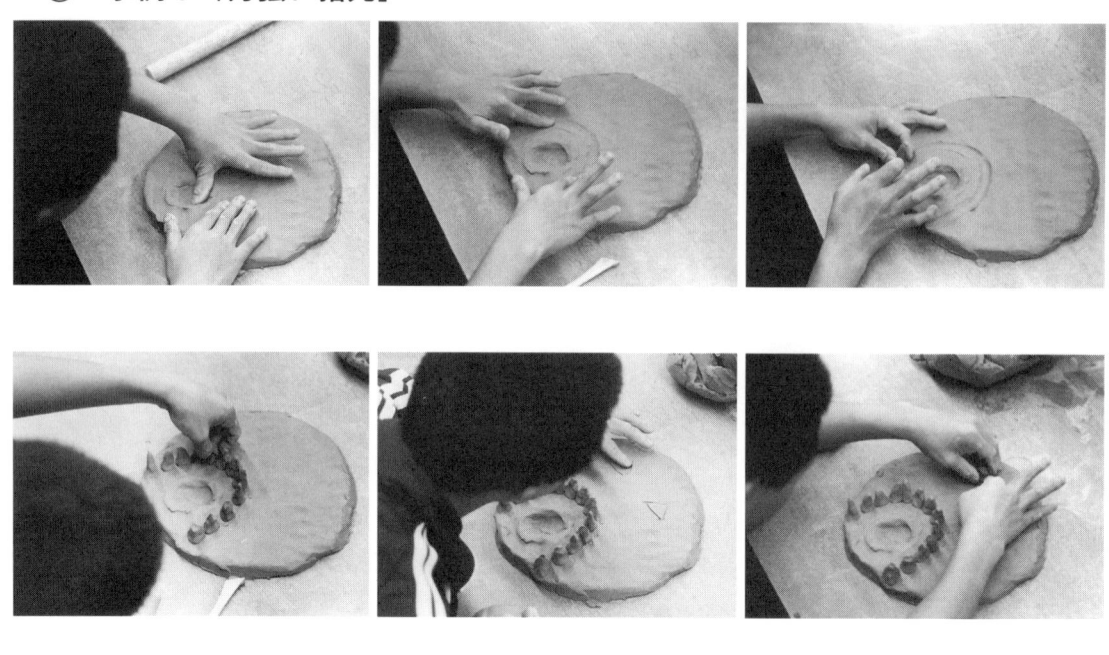

「ひではるくんの顔」　W25.5 cm

　両手の指先にしっかり力を入れ，最後まで気を抜かず，ていねいに作る。

⑦ 事例7 「多様性」

W21.0～28.0cmが多い。

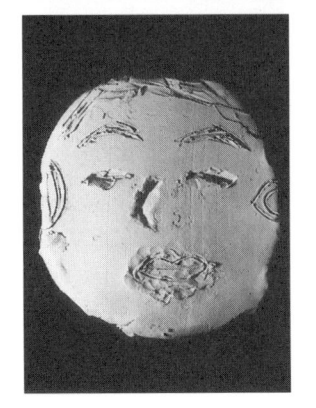

　つぎつぎと顔のイメージが広がる。同じ顔が一つもなく，バリエーションの豊富さに圧倒される。粘土を立体的にはりつけた，ユニークな友達の顔が大半である。粘土ベラで描いた写実的な顔も，1点制作する。

⑧　事例8「悪戦苦闘」

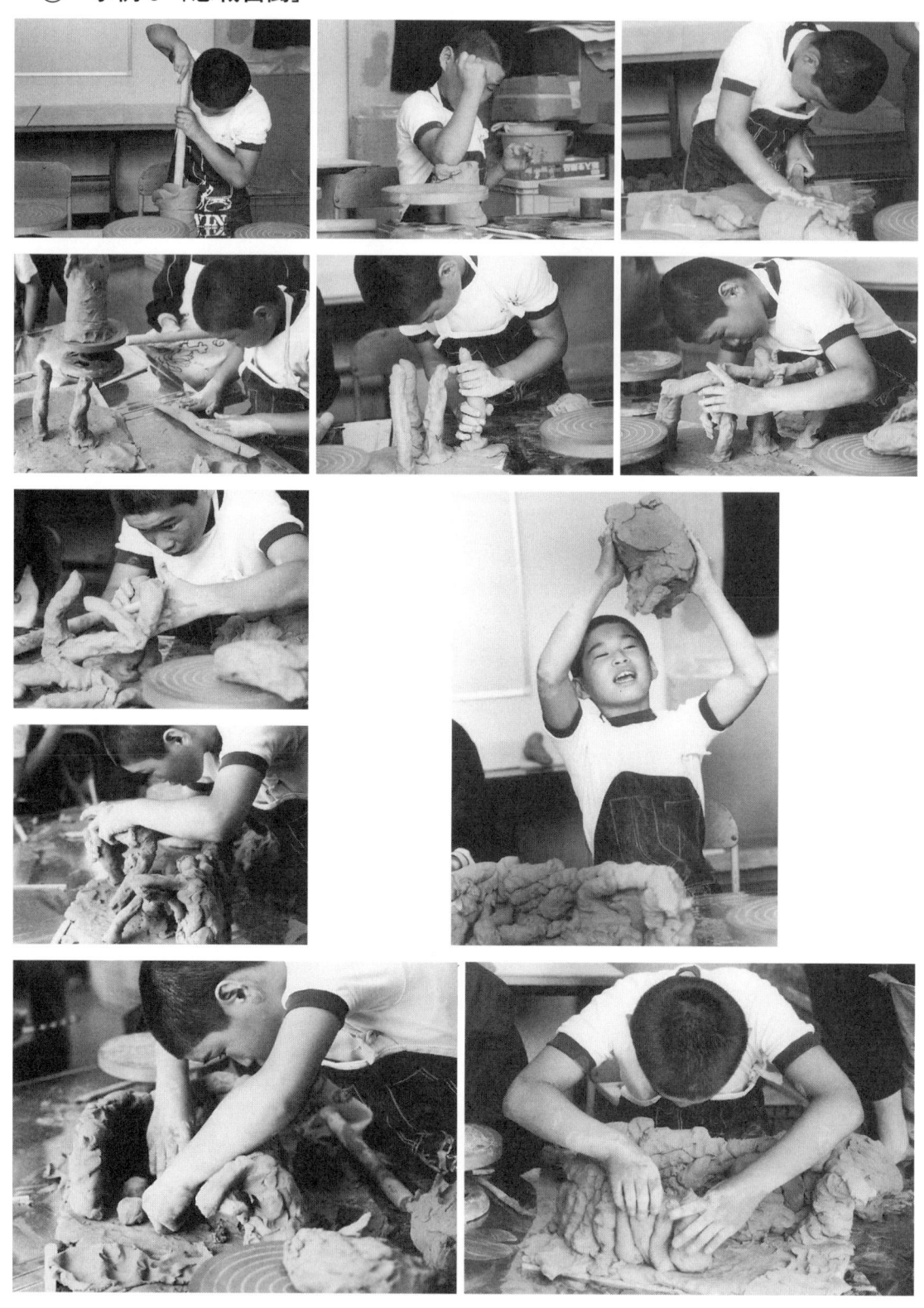

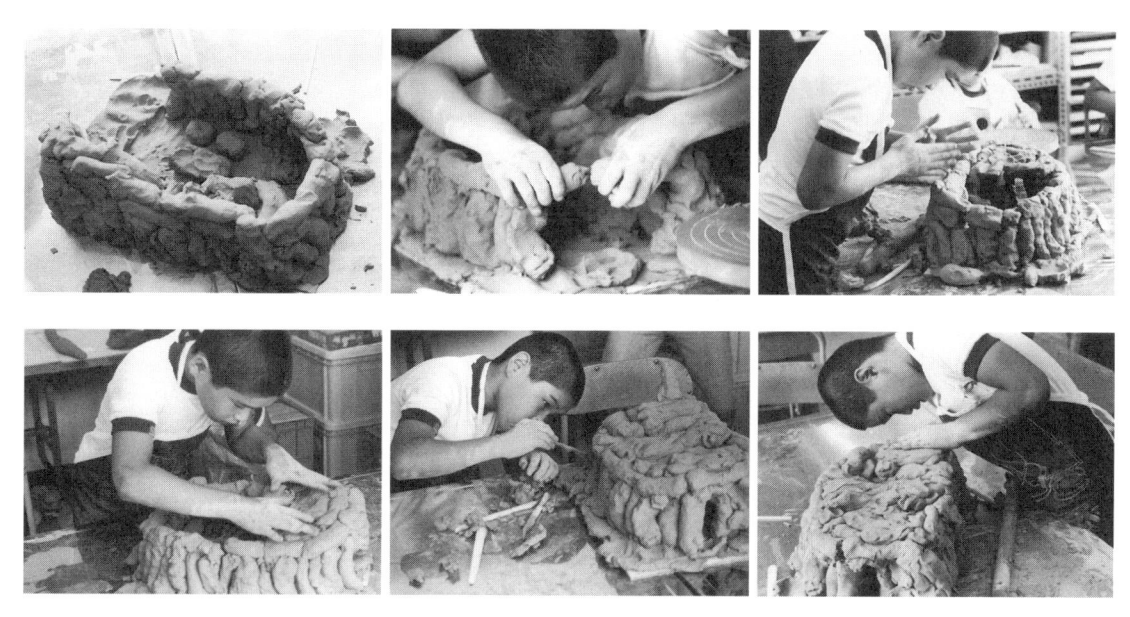

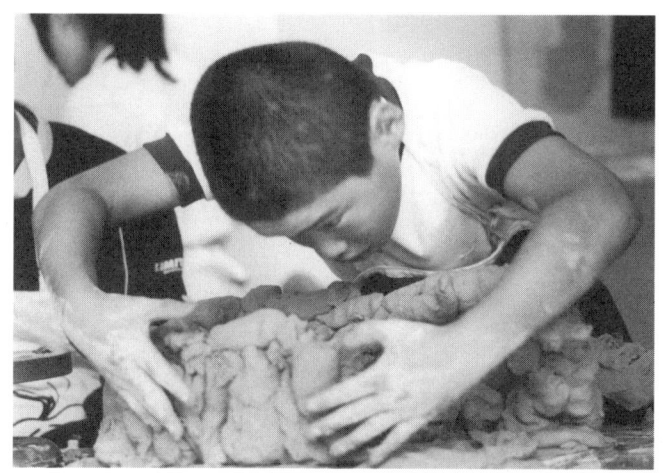

第Ⅱ部　造形教育としての土粘土の授業

前回の家は屋根が陥没したので，対策として柱作りを教える。

ところが，いきなり柱から作り出したので倒れ，悪戦苦闘する。

壁を作ってから，柱を作るようにアドバイスする。

台所やテーブル，窓までつける。

粘土をもらうと素早く，両手でボクシングのように激しくたたいてから，ちぎって使い始める。前回の3倍くらいの大きさの家となる。

「おうち」　W34.5cm

⑨　事例9「痕跡」

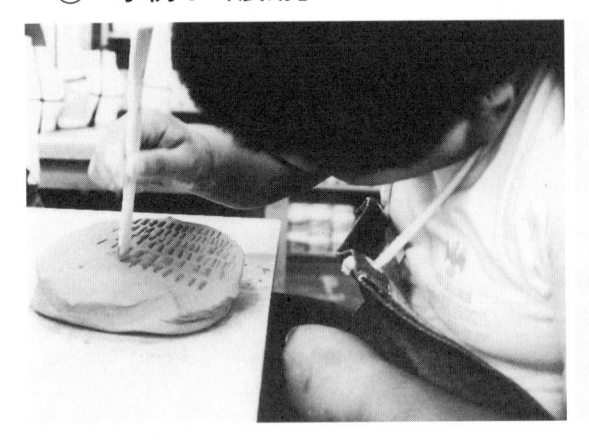

「ゲタの足跡」　φ16.5cm

「プール」　W23.5cm

「先生の畑」　W20.5cm

「無題」　W15.5cm

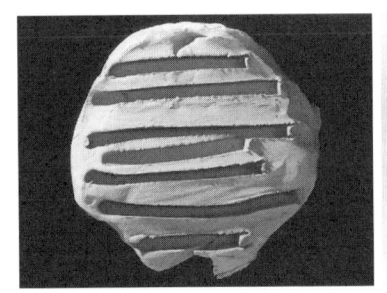

「畑」　W19.0cm

「カメ」　W16.5cm

「工事しているところ」　W26.0cm

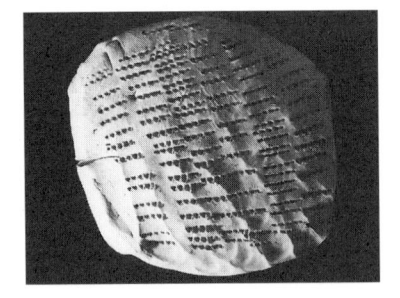

「てんとう虫」　W15.0cm

　「ゲタの足跡」は、粘土ベラで下から上に何列も、一気に、リズミカルに痕跡をつける。「ゲタの足跡」のイメージは、途中もしくは後からわいたのだろうか。

　いろいろな道具を好んで使うとともに、その道具固有の痕跡を味わい、痕跡からイメージを広げる。

第Ⅲ部

発達に遅れのある子どもの造形表現の意義

1　作品発表の在り方

　子どもの生活にとって重要なのは，学校・家庭・施設・職場・授産所にかかわらず，表現の場がきちんと確保されているかどうかである。仕事漬けやテレビ漬けでは困る。絵画であれ，土粘土であれ，音楽や詩であれ，自分の心情を表現する場がなければならない。子どもの姿を借りた大人の作品ではなく，真に自分の心情が素直に表現されると，その表現は本人にとって非常に意義のあるものとなるだけでなく，見る者の心を打つ。

　つまり，作品発表が先にあるのではない。表現の場が十分確保されると，心情豊かな作品が生まれるのは必然である。本人のためにも社会のためにも，心情豊かな作品を発表する意義は極めて大きい。

(1)　作品展の在り方　―どんな作品を展示するか―

　学校や施設の交流や公開及び発表は，交流会，バザー，合同及び単独の福祉展や作品展などで行われる。それぞれの行事の目的や性格が違うので，当然内容も違ってくるが，作品が展示されることも多い。

　社会との交流は重要であるが，表面的かつ同情的な社会参加や交流からは，何も生まれない。表面的かつ同情的な社会参加や交流になるかどうかは，行事の内容による。したがって，どの行事も内容が問われる。その内容を通して，教育や福祉のレベルをさらけ出すことにもなる。内外の声や反応を参考に，行事の内容を改善していかなければならない。

　近年，障害児者の作品展や出版が盛んになっている。関連する団体が設立されたり，企業が協賛したり，コレクターやキュレーターも増えている。これらは好ましい状況ではあるが，反面，大きな危惧もはらんでいる。

　障害児者自身が企画したり，自ら作品の選定にかかわることは大変難しい。障害児者にとって，作品制作の過程が最重要である。結果である作品には執着しない場合が多い。よって，作品の選定は，第三者の都合で行われることになる。作品展のコンセプト及び作品の選定基準が問われる。

　作品を選ぶ場合は，子どもの心情が豊かに流露していることが条件となる。例外を除き，作業学習の作品は含まない。なぜなら，作業学習の作品は教師が作るものを決め，工程化して製品とする場合が多い。陶芸の場合，焼成した製品は「焼き物」に分類されるが，石膏の型を利用した場合は，単なる量産品にすぎない。図画工作や美術の作品でも，子どもの姿を借りた大人の作品は，作品展から排除されるべきである。また，選定する側の表面的な好み

や，もの珍しさで選ぶことがあってはならない。

「障害にもめげずに努力している姿を訴えたい」「地域社会の理解を深めたい」「社会への参加と交流を進めたい」などを目的とする発表は，障害児者のために何かをしたいという"おごり"がある。私たちが目指す発表は，障害や理屈を超えて，見る者を揺さぶるものであって，子どもたちの"豊かな心情"が開花した姿である。ここで初めて，心情豊かなこの子らと"ともに生きる"ことが「ほんもの」となる。

(2) 展示の工夫

心情豊かな作品が，一つ一つ輝くための工夫が必要となる。絶対的なものがない以上，試行錯誤しながら，教師自身が学んでいくしかない。展示も一つの作品である。

① 場所
周囲に気を取られず，落ち着いて作品を鑑賞するには，凹凸や飾りの多い壁面は好ましくない。ギャラリーや美術館が望ましい。教室・ロビー・会議室・研修室などでやらざるを得ない場合は，不必要なものを除去したり，壁面を改修する労力を惜しんではならない。

② 並べ順
どの作品も固有の雰囲気を持っている。同じ作品を並べても，並べ方によって展示会場の雰囲気が大きく変わる。この怖さを自覚しながら，作品の一つ一つがいっそう輝くための，作品の並べ順を吟味しなければならない。作品を撤去してもう一度並べても，まったく同じに並べられるくらい，並べ順にしっかりした根拠を持たなければならない。

③ キャプション
キャプションを付ける場合は，作品のじゃまにならないことが条件となる。目立ってもいけないし，読めないようでも困る。作品の大きさによっては，キャプションのサイズも何種類か必要となる。また，作品（特に立体作品）には，その作品固有の方向性がある。キャプションは，方向性を考慮した場所に置くことになる。例えば「さかな」の場合，頭が先となるので，例外を除き，キャプションは尾の近くに置く。

④ 平面作品（絵画・版画など）
作品に視線が集中するように，絵画や版画などの平面作品はマット紙に入れて額装するか，水張りなどでパネルにする。画鋲などによる直止めは論外である。

⑤ 立体作品（土粘土など）

　平面作品と同様に，作品に集中するための工夫が求められる。工夫しすぎても目立つし，安易な方法でも目立つ。平面作品よりも難しいが，作品が輝く方法を工夫し，試行錯誤するしかない。会議用テーブルに直置きや，小さな紙や布を敷くのは安易である。かといって，美術館にあるような彫刻台も，子どもの作品の大きさや雰囲気を考えたら，大げさである。スレート板，麻袋，コンパネ，もみがら，黒の硬いロール紙，木片などを使った実際例を紹介する。

棚を利用する　　　　　スレート板をランダムに置く　　　コンパネに段差をつける

もみがらを敷く

木片に置く　　　　　　シワを寄せた黒の硬いロール紙に置く

麻袋に置く　　　　　　レリーフ類はパネルにつける
　　　　　　　　　　　トロ箱で高低差を作りスレートを敷く

2　発達に遅れのある子どもたちの輝きに学ぶ

(1)　子どもたちの心おどる"土粘土"の授業の様子

ユキコ

「せんせ～い，見て！見て！」

背後から，ユキコの興奮した声がする。和やかな話し声と，土粘土をたたく音の入り交じる教室で，私の耳が鮮明に聞き分けた。瞬時に，ユキコが粘土をいじりながら，思わずだれかに伝えずにはいられない，新鮮な発見をしたことを感じた。ユキコの感動が，まるで自分のことのように，私の心をおどらせた。

ほかの子どもに，制作のアドバイスをしている最中だったので，直ちに「は～い，今行くからね」と伝える。

じき近づき，「どれどれ」と，作品を見ながら「す・ご・い・ね！」と話しかけ，発見の興奮を分かち合う。

円筒形の粘土の側面を，先のギザギザした粘土ベラでひっかいたときの痕跡が，ケーキの生クリームをイメージさせたようだ。得意満面に「すごいでしょう！」と言いながら，一気にまわり全部につける。次に，たたいてつぶれた円筒形の粘土の上部を糸で切り，切り口を開きながら，「わぁ～！」と驚きの声を発する。糸で切れることが，その切り口が，とても不思議だったようだ。そして，平らになった上部に丸めた粘土をいっぱいのせて，「ケーキ」が完成する。

いつも，いろいろな道具を使っては痕跡の変化を楽しむ。粘土を器用にいじり，終わりの時刻になっても止められないほど夢中になるユキコ。

ヨシマサ

「ドシ～ン，ドシ～ン。」

土粘土の大きな塊を，両手で頭上高くやっと持ち上げて，机にたたきつける。そのたびに，大きな音をたてる。

「バッ，バッ，バッ。」
まるでボクシングのように，両拳で素早くたたく。
「ドン。」
と，肘を思い切り打ちつける。
「バシッ，バシッ。」
と，棒でたたく。
「グッ。」
と，押す。
「グーグー。」
と，のばす。
「ビュ～ン，ビュ～ン。」
と，糸でぐるぐる巻きにし，切っては合体させる。

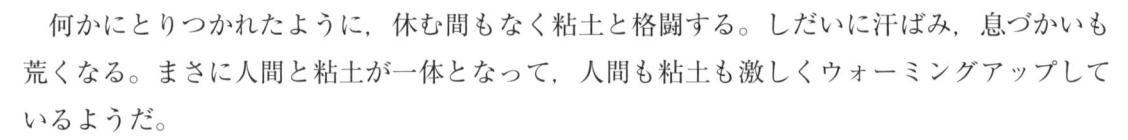

　何かにとりつかれたように，休む間もなく粘土と格闘する。しだいに汗ばみ，息づかいも荒くなる。まさに人間と粘土が一体となって，人間も粘土も激しくウォーミングアップしているようだ。

　十分軟らかくなった粘土を両手でちぎり，棒状にのばす。次々と同じ形を作っては並べ，一気に家の壁を作る。粘土がなくなるともらいにきては，激しくたたいてから使い始める。作品の床に，粘土で作った机や椅子をセットする。さらに，あらかじめアドバイスを受けたとおり，陥没を防止する柱を作ってから，上部を粘土で覆って屋根にする。最後に粘土ベラで窓を描いて，「大きな家」が完成する。

　もう，両手や全身というレベルではない。「からだごと」とはこのことか。粘土と人間が一体となり，気迫が周囲を圧倒する。すっかり粘土にとりつかれている。粘土が大好きなわけだ。廊下で私に会うと，近づき，顔をのぞき込みながら，「粘土やる？」と尋ねてくる。ヨシマサにとって，私は「粘土」そのもの。

ヤスヒコ

「おっ！」
「いっひっひひ……。」
　粘土の塊に，細い木の棒を突き刺し，押しては抜く感触と，その痕跡を楽しむ。
　かきベラで縦横に線を引く。自然に顔が粘土と離れたり，くっつかんばかりに近づいたりする。無意識に変化を確かめているようだ。

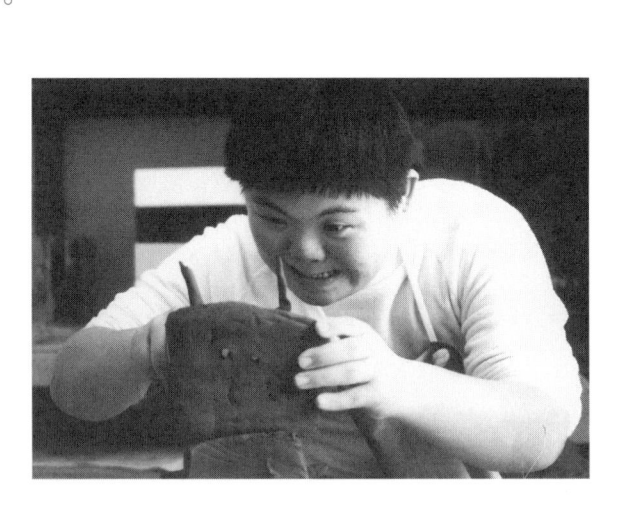

さらに，切り糸を張り，軽くこすりながら線をつける。次に，もう一つの粘土の塊に大きな穴を二つあける。
　"目"だ！
　鬼のイメージがわく。角（つの）を二本立て，粘土の塊にのせる。手を付ける。かきベラで顔をひっかく。まるで，鬼をやっつけている気分。
　制作している本人の顔を見ると，にらみつけるように目を大きく開き，下顎を突き出し，歯がむき出しだ。すっかり，鬼の表情と化している。"一心同体"とは，このことか。
　いつも，粘土に働きかける瞬間は集中し，真剣そのもの。そして，働きかけた直後は，痕跡を味わうように自然と笑顔になる。粘土いじりを，そして，働きかけの反応を楽しんでいる。それでいて，具体的なイメージにきっちりつなげるヤスヒコ。

　以上は，発達に遅れのある子どもたちの，"土粘土"の授業の様子である。うらやましくてしょうがない。こんなにも夢中になれて。いきいきし，楽しくてしょうがない感じ。創造するって，本来，こんなに楽しいはずだったのだ。こうなると，教師がつけいるすきはない。見守るよりない。
　同時に，子どもたちの心の高ぶりが，手に取るように伝わってくる。わくわくする。子どもたちと同じ教室にいて，活動に夢中になって大きく見開き輝く瞳，ダイナミックな身体の動き，思わず発するつぶやきや感嘆の声，刻々と変化する心情の動き，ほほえましい友達との交流，無垢で自由奔放で生命感に満ちあふれる作品，活動後の充実した表情などに触れ，共感・共有させてもらえるなんて，とてもしあわせ。理屈なんかで感じるのではない。深層から，細胞の一つ一つに鳴り響いてくる。私の大事な時間。私の"宝もの"。教師冥利に尽きる。子どもたちの"豊かな心情"に圧倒される日々。うれしくて，うれしくて，感謝の念でいっぱい。申し訳ないくらい。
　表現することに自信のない子どもたちが，粘土に気持ちをぶっつけ，表現する喜びを高めていく。働きかけるままに変化し，心のうごきを素直に受け止めてくれる"土粘土"の魅力にとりつかれている。粘土とチョコを取り替えようかと言っても，応ずる気配はまったくない。
　粘土を全力でたたくダイナミックな姿。動きは穏やかだが，語りかけるように粘土をいじる姿。思いもかけぬ形や痕跡を発見して興奮する姿。粘土に顔がくっつかんばかりに近づけたり，粘土のにおいを確かめる姿。
　いずれも瞳が輝き，心情が粘土に溶け込み，一体感にあふれている。触覚という狭いレベルではない。すべての感覚が統合され，同じ自然の一部である「粘土と人間」が滑らかに調和している。
　作為性を強めて，意図的に"かたち"を作るのではなく，操作を通してイメージを豊かに

広げ，内部から自然に"いのち"が生まれてくるようだ。無垢で，自由奔放で，生命感に満ちあふれ，粘土の塊の中に脈々と生命が息づいている。

　子どもたちにとって，土粘土は，心がおどる"きわめつけ"の素材である。表現力の高まりとともに，意欲や主体性が向上し，生活全体が活気を帯びてくる。

(2) 私たちを魅了する子どもたちの作品 ―その豊かな心情の世界―

　子どもたちの表現が豊かに発揮されればされるほど，当事者の私だけが"いい思い"をするのは，申し訳ない気持ちになる。

　そこで，多くの人に感動を共有してもらうために，作品展を開催したり，作品集を発行してきた。子どもたちの豊かさが，私をそのような実践に駆り立てた。子どもたちは，"ちえおくれ"の名称からも，能力的に劣る存在と思われがちな現状にあって，子どもたちの"輝き"を知らしめたい思いもあった。

　事実，作品に触れた人に，理屈抜きに大きな感動を与えた。通常，同じ展覧会を続けて見に行くことなどめったにないが，4日間の会期中に，2回，3回と足を運ばれる方が何人もいた。このことが，すべてを物語っている。作品の譲渡を希望される人も多かった。次回の作品展を問い合わせてくる人もいた。

　作品展のアンケートや，作品集に寄せられた感想を見ても，いかに強烈に見る人の心を揺さぶったかが伝わってくる。一部を紹介する。

　「驚きの一言，あっと息をのむ世界」，「涙が出るほど人間味にあふれる」，「展覧会を見ても胸をときめくことはめったにないが，胸の高まりを覚えた」，「作品から離れがたい」，「心の深いところに何かすごいものがある」，「気持ちそのまま」，「ひたすら感激」，「気を奪われる」，「自分の部屋に飾っておきたいほどすてき」，「私など大人の貧しい世界，意識世界の住人とは比較にならない豊かな世界」，「ポーズをとって生きている自分(大人)が情けない」，「生きる希望が持ててきた」，「純粋な心が失われることのない社会づくりが必要である」，「自然に印象をとらえている」，「すごい観察力」，「迫力にたじろいだ」，「圧倒され続けでした，本物だけが持つ無言の力を感じる」，「作品に対する感動もさることながら，無心に一点に自我のすべてを集中している子どもたちの表情の素晴らしさに驚嘆」，「あらためて教師になりたいと思った」，「こんなに力強い印象を受けたことはない」，「この部屋にいるだけで楽しい」，「すべての作品に魂があるように思える」，「素直な叫びに感動」……。

　このように，作品に対する率直な感動はもちろん，決意まで述べられている。子どもたちの作品は，どれもまるで生きもののように息づき，語りかけ，私たちを魅了せずにはおかない。「豊かな心情の世界」の大シンフォニー。無意識深層世界の織りなす，まさに美の天国である。

(3) 子どもたちの"豊かな心情"の持つ意義

　なぜ，こんなにも強く，深く，激しく，人々の心を打つのだろうか。人間だれしも，率直で純粋な感情，森羅万象をありのままに受け止める心情を持っているから，共感するのではなかろうか。ところが現代は，なんとエゴイズムや効率，知識や理屈，力の論理に毒されていることか。これらはすべて，人間のおごり高い"精神"の仕業である。この"精神"は，大気や地下水の汚染，オゾン層の破壊，種の根絶など，生の基盤たる生態系すら破壊し続け，もがいている。我欲に満ちた"精神"は，自然破壊のみならず，政治・経済・文化などあらゆる分野に浸透し，危機にひんした現代文明及び人間性荒廃の元凶となっている。

　私たちはややもすると，障害児に対して，「この子らに世の光を」の立場に立ちがちである。障害にもめげずに努力している姿を訴えたいとか，地域社会の理解を深めたいとか，社会への参加と交流を進めたいなど，表面的かつ同情的で形ばかりの社会参加や交流をやりがちである。

　しかし，感想を見るまでもなく，子どもたちの無垢で，自由奔放で，色彩感や生命感みなぎる作品群は，障害の有無や年齢などを超えて，私たちに語りかけ，魅了せずにはおかない。まさに，「この子らを世の光に」，「この子らは世の光なり」である。ここで初めて，心情豊かな子どもたちと"ともに生きる"ことが「ほんもの」となる。子どもたちの"豊かな心情"は，おごり高い"精神"とは対称的な世界である。このおごり高い"精神"は，生を脅かす不気味で，意志的・概念的・執我的・拘束的・支配的・欲望的・知識的・常識的な働きを持つ"あたま"の世界そのものである。

　子どもたちの"心情"が輝けば輝くほど，現代文明の病根，つまり"精神"の危険性が浮き彫りとなる。同時に，"豊かな心情"こそ，精神に偏重し，悩める現代文明の救世主たりうるのではなかろうか。私たち"ちえいそぎ"の人間にとって，精神の独走を少しでも食い止め，心情を豊かにし，肉体・心情・精神の調和を図ることが求められる。精神が生（肉体－心情）を支配すると，生命そのものが危うくなるので，精神が生に従属し，精神と生を調和させていかなければならない。つまり，生や心に素直に生き，自然と無心に呼応し，宇宙のリズムと一体となり，心情に満ちあふれる創造性能を回復しなければならない。

　子どもたちと接していると，"心情"は，生と深いかかわりを持ち，もとから人間に備わった，流動的で柔軟性に富み，自然で，生命的・無意識的・捨我的・解放的な"こころ"そのものであることを実感する。心情を豊かにすることは，人類をして，まさに創造の地平へと導くものであり，発達に遅れのある子どもたちの"豊かな心情"の持つ意義深さを思い知らされる。

(4) 子どもたちが輝く授業の追求

　よく，障害児教育に教育の原点があると言われる。果たしてそうだろうか。教育の本質は，対象となる子どもの障害の有無や年齢と関係がない。授業は，障害の有無や程度及び年齢に関係なく，子どもたちにとっては限りなく自由で，真の楽しさにあふれるものでなければならない。教師による支援は，子どもの表現を規制したり，強制したりするのではなく，子どもの自発的な表現のきっかけとなったり，高めたりするものでなければならない。教師には，そのための環境をいかに整えられるかが，不断に課せられる。

　教師は，授業における教師の責任の大きさに震え，教師自身の力量の不足を自覚しなければならない。同時に，全身全霊及び全力投球で授業に集中し，子どものわずかな身体の動き，かすかな心の変化，それらの前兆すらとらえられるように努力したい。

　教師として，子どもたちの"輝き"をあびて"いい思い"をするために，努力や労力を惜しんではならない。子どもたちのためではない。教師自身のためである。教師自身のために，子どもたちが"輝く"ための，緻密な計画と用意周到な準備を追求するのである。

　子どもたちの"豊かな心情"が開花し，"輝く"ことによって子どもたちが輝く。教育が輝く。同時に，子どもたちの"輝き"に触れることによって，触れる人が輝く。社会が輝く。このように，子どもたちの"輝き"は子どもたちが生きていくうえで，大きな基盤となる。ここに教育の重要性と可能性がある。

　子どもたちの"輝き"をいっそう引き出し，"ともに生きる"人類の理想社会を創造していかなければならない。

ユキコ　「クリスマスケーキ」　φ23.0cm

[解説]

発達に遅れのある子どもとともに歩む授業実践論

大阪市立大学大学院文学研究科・文学部教授　湯浅恭正

　本書は，造形教育の専門的な知見を土台にして，障害児教育の授業づくりに精力的に取り組んでこられた成田孝氏が，弘前大学教育学部附属養護学校時代の成果をもとにして，これからの授業づくり研究に対して発信された問題提起である。

　読者は，本書のタイトルから，土粘土の授業のハウツー的な方法が述べられていると思われるかもしれない。しかし，本書は単なる造形教育の指導法を超えて，発達に遅れのある子どもに取り組む現代の授業実践論が示されている。成田氏の授業論の意義は既に別の機会に触れさせていただいたが（拙著『障害児授業実践の教授学的研究』大学教育出版，2006），本書には，発達に遅れのある子どもに即して「教えと学びの関係の学」である教授学理論を考察するための有益な示唆を得ることができる。障害児教育の授業論研究に従事してきた者として，これからのこの分野の授業づくり研究の課題や方向を考えてみたい。

1　授業実践論の枠組み

(1)　教育課程への問いかけ

　授業づくりの基盤には教育課程論が明確に据えられていなくてはならない。知的障害児教育で常に問われてきたのが，教科指導と生活（生活単元学習等）との関連である。成田氏は，そのいずれの意義も指摘しつつ，学習活動の中身は確かなのか，と問いかける。特に，一見主体的な授業ではあっても，それが子どもの「学び」になっていたかと問いかけている。

　「教科か生活か」を議論してきた教育課程論を超えて，授業が「学びの履歴」（カリキュラム）として子どもたちに何を形成したのか，教育課程はそのレベルにまで立ち入って検討しなくてはならない。この点で，成田氏の問いかけは，子どもの側から教育課程を捉えることの意義を示したものである。それは，表面的な活動を引き出せたかどうかで子どもを評価する傾向が拭い去れない障害児教育の在り方を問い返す重要な契機となろう。

　成田氏は，本書の「はじめに」で，「子どもの存在をつくり出す授業を」と主張する。一見華やかで，活発な授業ではあっても，それが必ずしも子どもの存在をつくり出すとはいえない。教授学では，子どもの不在を「現在化」することが強調されてきた（参考：『学級の教育力を生かす吉本均著作撰集1—5巻』明治図書，2006）。

知的障害児が存在を現すこと＝現在化，そのためには発達の可能性を引き出し，働きかける私たち教師の役割が厳しく問われる。今日の教育課程論は，子どもが自らの存在をつくり，存在を現すことができる授業の過程を構想する研究を視野に入れなくてはならない。成田実践の枠組みには，こうして，教育課程論を授業づくりの過程に結びつける論理が明確に位置づいている。

(2) 子どもの発達への哲学的姿勢

「心おどる」という子どもの内面に注目した授業論には，成田氏の哲学的な姿勢が一貫して見られる。そこには氏の実践思想を支えてきたクラーゲスの哲学的知見が基盤に据えられている。「心おどる」という意味を，「生き生きとした活動」といった類に見られる実践用語として聞き流していては，氏の実践論は理解できない。

むろん，成田氏は「子どもの全体像と学習課題の把握」を心がけ，種々の発達検査を活用して，発達の実態を詳細に把握する。そして，発達検査を土台にしながら，表現の力の実態を総合的に把握しようとする。「ダイナミズム」「イメージ」等，表現力の実態を子どもの内面の動きから捉えようとするのである。

成田氏のこうした発達把握の姿勢は，先に述べた氏の哲学的な思索に支えられている。そして，哲学的知見から造形活動によって育てようとする子どもの発達の姿が鮮明に導き出されている。本書では，感情の高次化論と心情成育論との対比によって，「心おどる」という実践の目標・発達像の意味が明確に示されている。氏によると，「体性感覚」論は，知性と意志による感情の制御・向上論を克服して，精神と肉体を繋ぐものである。そして「体性感覚による感覚の揺さぶりは，目に見えないものにまで思いを巡らし，イメージが豊かに広がることにつながる」という。

ここには，「体性感覚」が心情の成育に寄与するだけではなく，知的な作用を持つことが示唆される。ここでいう知的作用とは，制度知として定式化された知識・認識をいうのではない。子どもの感覚・生活の実感に裏打ちされて働く知性である。

精神及び心情における身体・体性感覚に注目し，それを教科教育の指導の基礎に位置づける成田氏の立論は，障害児教育で軽視しがちであった知的教育・知性の形成という課題を，造形教育の視点から問い返そうとした重要な提起である。造形教育だけではなく，どんな分野であれ，障害児の教科指導の目標と子どもの発達像の設定には，体性感覚論を一つの，しかし重要な理念型として踏まえておくことが今後求められるように思われる。

2 授業の構想と展開論

「土粘土」という一つの教材に焦点を当てた本書からは，障害児教育の授業構想と展開に

必要な論理をいくつも発見することができる。教授学理論は，授業の構想と展開の視点として，①「教えたいもの」の構想，②「教えたいもの」を「学びたいもの」にする構想を探究してきた。そして，①と②の構想を授業の過程で具体的に展開する指導の在り方を議論してきた。以下，第Ⅱ部を中心に，そこから示唆される授業構想と展開の論理を考えてみたい。

(1) 「教えたいもの」の構想

教師は，授業において子どもたちに「伝えたい・教えたいもの」を構想するとき，およそ三つの点を考慮する。つまり，①授業を通して育てたい子ども像，②伝えたい教材文化，③子どもの発達と指導である。障害児教育においては，これらを指導するための媒介となる素材・教材を吟味してきた。成田氏の場合，それが「土粘土」である。

① 子ども像

この点についての成田氏の構想は，「体性感覚」の意義として既に述べてきた。それをさらに深めるとすれば，「応答的世界」を体験させること，自己決定の力を育てることが意識されていることである。

成田氏は，土粘土によって「素材を感覚的に操作し，能動的に自己の行為を決定していく」活動の意義を強調する。相互応答的な世界を体験する場として造形の授業が位置づけられ，そこに自己決定という目標が据えられている。「失敗の許容」「手ごたえ」として指摘されている「題材の条件」は，自己決定の力を育てようとするために重要なものである。

「自己決定」論は，障害児教育論の重要なテーマだが，それを具体的な授業構想として議論しなくては，抽象的な理念で終わってしまう。題材とともに，成田氏が支援の基本に据えている「失敗の許容」等，自己決定の力を育てるためには何が必要かが明確に示されている。いずれにしても，働きかけながら働きかえされる応答的世界が，障害のある子どもの人格の形成にどう寄与するか，その探究に成田氏の授業構想の柱がある。

② 教材文化

成田氏は，土粘土の文化性を強調する。「真の可塑性」を持つこの教材の文化性が，瞳を輝かせ，心を躍らせながら素材との一体感にあふれ，生命の躍動感を子どもに伝えることに注目する。土粘土は，「働きかけに素直に反応し，心の変化をそのまま受け止め，自由自在に変化する。……心と体の動きが一体となり，連関しながらお互いが高まっていく」という。

こうした教材の文化性は，どちらかといえば社会的な自立に重きを置いてきた障害児教育実践ではあまり考慮されてはこなかった。しかし，よく考えてみれば，「可塑性―調和」という実感を子どもが獲得することは，間接的にではあれ，障害児が生活に対して能動的に働きかけ，参加する力の形成に結びつくはずである。生活する力を形成するためにこそ，その基盤になる力を発揮させる教材の文化性を主張する成田氏の授業構想は注目に値する。

なお，成田氏は，土粘土は，油粘土等が簡便に用いることができるのに対して，経費や準

備・片づけ，保管や焼成に労力がかかるために，あまり取り上げられてこなかったという。手間暇をかけ，家庭ではできない教材文化だからこそ，学校の授業として構想する意味がある。教材文化の世界を学校の意義と結びつける議論としても興味深いものがある。

③ 子どもの発達と指導

子どもの発達に応じた土粘土の教材をどう系統化するか。授業づくりでは，発達と指導との関連が問われる。成田氏は，多くの先行研究の知見に学びながら造形表現の発達段階を，「形象表現力」「イメージ力」「表現意欲」等に整理している。特にここで注目したいのは，「学習課題」と「主題」にかかわって発達段階を系統化している点である。前者の学習課題は，操作や模倣の能力の高次化という視点にそったものである。後者の主題は，子どもの生活との結びつきを意識したものである。子どもの生活の文脈から紡ぎ出された主題・テーマによって，「自分がイメージしたテーマに添って作る課題制作」が目指されている。

能力の高次化とともに，子どもが教材文化の世界につながり，自分の生活世界を広げる授業をどう構想するかが強く意識されている。障害児の発達を能力の向上だけではなく，「自分づくり」という点から捉える成田氏の構想は，これからの授業づくり論の基本軸となろう。

(2) 「教えたいもの」を「学びたいもの」にする構想

① 生活との結びつき

これまで述べてきたように，成田氏の授業論は，子どもの生活を常に意識し，それを造形という文化の世界の学びに結びつけようとする。それは，造形の世界を子どもの「学びたいもの」にするための手がかりである。この点にさらに立ち入って氏の構想を考えてみたい。

成田氏は，造形活動において，形をつくることよりも「声を出しながら，全身で思い切り粘土をたたきつける」子どもの活動の様子に注目する。造形の結果を急ぐのではなく，全身で教材に働きかけていく活動を媒介にすることが，「教えたいもの」を「学びたいもの」にするからである。そして，遊びに重点を置き，ダイナミックな粘土遊びや「道具の痕跡を楽しむ」場が意識的に設定されている。自由に素材と親しむことが学びへの意欲を引き出すからである。もちろん，「自由に遊ぶ」といっても，痕跡を楽しむために，道具を多様に用意するなど，環境の設定への周到な配慮があることを見逃してはならない。

次に，本書を貫いている「心を躍らせながら，楽しみ，夢中になって活動する」という授業づくりを大切にするために，活動の量をいかに保証するかを成田氏は大切にする。「題材」にしても，「支援」にしても，それらが造形表現に挑む活動の量の保証に結びつかなくてはならない。それは，授業のヤマ場に子どもの意識を向けるために不可欠の課題だからである。活動の量を保証し，「教えたい・伝えたいもの」に向かわせる授業の「ヤマ」場をつくる視点も，学びへの意欲を形成するために見逃すことはできない。

また，成田氏は，「オバケの顔」「おもしろい顔」「宇宙人の顔」といった命名によって学

解説　発達に遅れのある子どもとともに歩む授業実践論

びへ子どもが参加するためのコンテクストを生み出そうとしている。学習のテーマを教師の願いだけからではなく，子どもの文脈から設定しようとするからである。

　このような，「遊び」「ヤマ」「コンテクスト」を軸として構想されている成田氏の授業づくり論は，これまで，生活との結合という理念で語られてきた障害児の指導論を授業づくりのレベルで発展させたものとして注目に値する。

②　「素材」を「学習材」にすること

　土粘土のような価値のある「教材」ではあっても，それを「学びの材料─学習材」にする構想が問われている。成田氏の構想では，第一に「活動の場所」「活動の回数」等，障害児が素材に対して能動的な関係を切り結ぶことに重点が置かれている。「場所」では，ダイナミックに粘土づくりを行うための「広い場所を確保すること」，「回数」では，「粘土にいろいろと働きかけ，粘土の特質を体得するのに時間がかかる」ことを指摘する。これらは，活動の場と内容を障害児に意識させ，素材を学習材として自覚させようとするものである。

　第二は，活動のリズムへの注目である。成田氏は，充実した授業には，「活発─ガンガンと粘土をこねる」「静寂・集中─モクモクと粘土づくりに挑む」「歓喜─ヤッターと達成感を持つ」が共通してあるという。こうしたリズムに乗って，子どもは文化を自分のものにしていく。教材が自分たちの学びの材料になるために授業のリズムが果たす意味を教えてくれる。それはまた，教師も子どもたちとともに授業のリズムを楽しみ，参加することでもある。なおリズム論では，「一コマの授業のリズム」「数年間のリズム」というように，広い視野でリズムが構想されていることも見逃せない。教材文化を強烈に意識すればするほど，学びのリズムをどれだけのスパンで構想したか，子どもの側で学びが成立するためのリズム（時間）への問いかけが必要だからである。

③　指導言・教授行為の在り方

　「学びたいもの」にする授業の構想では，教材論とともに，授業展開での指導言・教授行為といわれる働きかけが鍵となる。まず，成田実践では，障害児の学びへの参加が多様に構想されている。「気分に左右される子ども」を想定し，それに対応する構想等である。これは，造形教育の教材に限らず，授業づくり全般に必要なものである。

　成田氏は，子どもの表現特性との関連で授業展開での対応を構想している。「パターン化した表現」「痕跡からイメージできる」「テーマを決めかねている」「模倣レベル」等である。こうした多様な子どもの姿を予想し，それに対応する指導言・教授行為をどう構想するかが明確にされている。こうした構想は，これまで積極的に障害児の授業研究では取り上げられてはこなかった。本書の中でも，教師の対応の技は，多くの分量を占めているだけではなく，その内容の広さと深さにおいて出色のものである。こうした技はさらに，造形教育以外の指導分野にも応用でき，また通常の学校における授業づくりに一般化できるものである。

　また，教師との共同や，子ども集団の教育力も授業づくりの視点として大切にされている。

教師の指導の都合ではなく，子どもの利益のためにどのような集団の大きさが必要なのかが問いかけられ，子どもを管理する集団論ではなく，学びを引き出す子どもの都合こそが優先されるとする成田氏の議論は，障害児教育での集団の在り方への厳しい警鐘として引き取りたい。なお，触覚刺激への対応など，自閉症への対応も明確に位置づけられているなど，特別なニーズへの配慮が随所に示されている点も見逃せない。

3 授業力量の成長を支える「指導の根拠・人間性」への問いかけ

　本書は特別支援教育時代にこそ，「授業力」が求められるという成田氏の強い問題意識に貫かれている。授業の力量をどう高めていくのか。

　この点で成田氏が強調するのが，「根拠のある指導」である。2で特徴づけた成田氏の授業構想論には，何を根拠に教材の選択と授業展開を進めるか，その模索の過程と成果が示されている。私たちは，本書の授業記録や授業の参観記録，そして授業分析の具体例から，授業力量形成のための研究方法を学ぶことができる。そこでも，指導技術の根拠を問う姿勢が欠かせない。根拠をめぐる厳しい授業の研究が私たちには課されている。

　こうした指導論とともに，人間のおごりへの警告と，人間の持つ生と精神の働きから尊厳を再考し，「光」を発見する力が私たちの授業力量を支えていることも，本書から学びたい点である。本書の子どもたちの，個の存在の表現としての豊かな表情（身体）から何を「光」として発見するのか。成田実践には，展示に見るように，地域に拓かれながら，今，何を人間的価値として大切にするかを探ろうとする共同の学びが展開されている。こうした哲学的な視座を持つことなしに，表面的な指導の技術だけで，これからの特別支援教育は展望できない。日々の授業における指導の根拠を振り返り，それこそ，私たち自身も「心おどる」実践の主体者として成長することが要求されている。

　解説者は，わが国の障害児教育学界をリードする廣瀬信雄氏（山梨大学）との出会いを契機に，成田氏とともに，20年近く学会等で交流し，氏の授業実践から理論的な示唆を受けてきた。常識的な言説に囚われず，具体的な根拠を示して展開されてきた氏の実践からは，授業で子どもを無礼に扱ってはならない，それだけに徹底した私たちの感性と知性と技の成長が必要であることを教えられてきた。改めて本書を読み返し，子どもたちとともに歩む授業研究の大切さを考えさせられた。教授学研究の在り方を再考するためにも，本書が障害児教授学の理論書として広く取り上げられることを期待し，また成田氏には，さらなる課題提起を私たちに突きつけてくださることを切に願うものである。

資　料

資料1　学習指導案
資料2　授業記録例

資料1　学習指導案（この細案は，各種粘土の比較研究を行ったときのものである。）

中学部美術科学習指導案

　　　　　　　　　　　日　　時　平成○年○月○日（　）4－5校時（10：40～12：00）
　　　　　　　　　　　場　　所　機能訓練室（中学部棟2階）
　　　　　　　　　　　対象生徒　第2班9名（学年・男女混合グループ）
　　　　　　　　　　　指導者　　成田　孝（T1），○○○○○（T2）

1　題材名　「土粘土」

2　題材設定の理由
(1)　生徒は全般に造形活動が大変好きである。なかでも，粘土に対する興味・関心は非常に高い。休憩時間を設けても休もうとしないくらい，活動に夢中になる生徒が多い。
　　ダイナミックな表現や，イメージ豊かな表現が多く見られる反面，パターン化した表現や，意欲に乏しい表現も多い。また，形の比較的細かい表現や，特徴をよくとらえた表現も見られるが，はっきりした形になりにくい表現も多い。
(2)　粘土の長所の一つに可塑性がある。粘土は全身の力で思い切りたたきつけても，軽く押したり，なでまわしたり，ひっかいたりなどしても丸ごと受け止めてくれる。気に入らなければ，つぶして作り直すことも容易である。つまり，働きかけに対する素材の素直な変化は，身体全体を通して，心の変化をありのままに受け入れてくれる結果でもある。
　　働きかけに対する反応が逐次手ごたえとして現れやすいため，操作とのかかわりを確かめやすく，活動に対する興味・関心の高まりが期待できる。
　　また，自然の素材である粘土は触覚の働きがとりわけ大きい。触覚は，諸感覚の根幹をなす体性感覚の一つとして極めて重要である。土粘土は，主に手指を媒介として，手触り，重み，軟らかさ，粘り，ぬくもりや冷たさ，大きさなどを感じとりながら制作できる素材である。5本の指全体を使い，手や身体全体と協応させながらの活動は身体諸機能の働きを活発にしていくものと思われる。
　　また，土粘土などにも含まれる"水"は，発生学上からも人間に密接にかかわる原初的な物質であり，それだけに生命を揺り動かす大きな力を秘めているのではなかろうか。
(3)　このように，生徒の粘土に対する興味・関心と，粘土の触覚性や可塑性，身体全体を伴う操作性などに着目して本題材を設定した。
　　造形活動は単なる技術を学んだり，他人の指示どおりに行うものではなく，自ら主体的に具体的な操作をし，反応を確かめながら外界に働きかけることに意義がある。造形活動に対する意欲の高まりが，情緒の安定をもたらし，行動の目標を明確にし，目標達成のために自己の力を集中させていくものと考える。この過程で表現の喜びが観得され，表現力の高まりが意欲や主体性をはぐくみ，生活を豊かにしていくのではなかろうか。
　　授業では，造形表現に対する意欲やエネルギーの高まりを重視したい。

資　料

3　目　標

(1) 粘土の感触を楽しみ，イメージを膨らませ，自由に表現することができる。

(2) いろいろな道具を使ったり，手指を中心に身体全体を思い切り動かすことができる。

4　造形表現の実態

形をとらえる力・認知力　H↑　　↓L						
写実的な表現ができる。						
比較的細かな表現ができる。			K·M(6:02)A			
大まかだが，特徴をとらえた表現ができる。		K·J(5:03)				Y·S(6:04) N·Y(5:06)E T·K(7:08)
具体的な形は限定される。痕跡からイメージできる。				S·M(3:11)E N·M(3:08)D A·K(7:10)	K·Y(3:10)D	
具体的な形にならないが，痕跡からイメージできる。						
いじるだけで具体的な形にならない。						
	情緒的に不安定で，集中力に欠ける。	表現意欲にやや劣り，イメージを膨らませた表現は苦手である。	表現意欲はあるが，パターン化した表現が多い。	表現意欲はあるが，イメージを膨らませたり，具体物の表現が苦手である。	気分に左右されることもあるが，イメージを膨らませたり表現ができる。	身体全体でダイナミックに表現したり，イメージを膨らませた表現ができる。
	L ←──────── 表現意欲・イメージ ────────→ H					

※（数字）：MA（田中ビネー），（数字）の後のアルファベット：A＝自閉症，D＝ダウン症，E＝てんかん
※この表は，この後改訂した。表7（p.24）参照。

5　指導計画
　　〈指導区分〉　　　　　　　　　　　　　　〈回数及び配当時間〉
　(1)　土粘土Ⅰ　……………………………　5回（10時間）
　(2)　油粘土　………………………………　1回（ 2時間）
　(3)　紙粘土　………………………………　1回（ 2時間）
　(4)　土粘土・油粘土・紙粘土　…………　1回（ 2時間）
　(5)　土粘土Ⅱ　……………………………　2回（ 4時間）　本時2回目（3～4時間目）
　　　　　　　　　　　　　　　　　　　　　―――――――――
　　　　　　　　　　　　　　　　　　　　　計10回（20時間）

6　本時の学習
　(1)　主題名　「思い切り作ろう」
　(2)　目　標　①　力を込めて，思い切り粘土を操作することができる。
　　　　　　　　②　自分なりのイメージを持つことができる。
　(3)　個人目標　氏名（学年）
　　　　S・M(1)～テーマを決めたり，友達の作品に似せながらも工夫して作ることができる。
　　　　Y・S(1)～いろいろなテーマで，工夫して作ることができる。
　　　　A・K(1)～手指を十分使うことができる。テーマを決めてわかりやすく作ることができる。
　　　　K・J(1)～失敗を恐れず，自信を持って作ることができる。
　　　　N・Y(2)～いろいろなテーマで，工夫して作ることができる。
　　　　K・M(2)～動物などの新しいテーマを選んだり，大きく作ることができる。
　　　　T・K(2)～いろいろなテーマで工夫して作るとともに，イメージが浮かんだら素早く作ることができる。
　　　　N・M(3)～テーマに添って，大きく，わかりやすく作ることができる。
　　　　K・Y(3)～テーマを決めて，大きく作ることができる。
　(4)　学習過程

指導事項	学習活動	指導上の留意点	時間	資料・教具
学習内容の確認	・土粘土を使って，自由に作ることを知る。	・今までに作った作品を具体的にあげながら，褒めて自信と意欲を持たせるとともに，作る手がかりにさせる。	5分	エプロン
制作	・土粘土を準備する。 ・土粘土を軟らかくする。 ・土粘土や道具を用いて自由に作る。	・数種類の大きさの土粘土を用意し，選ばせる。 ・耳たぶ程度の軟らかさの土粘土をできるだけ多く用意し，使用させる。 ・大きく安定した机や床でやらせる。 ・床や机にたたきつけたり，のべ棒や素手で力いっぱいたたかせる。 ・パターン化した表現には，模様つけを働	60分	水（バケツ） 土粘土 のべ棒 粘土ベラ 切り糸 木製ペン 各種金具 ろくろ

資　料

		・きかけたり，テーマを示してみる。 ・はっきりした形になりにくい生徒には，イメージを確かめるとともに，顔やヘビや菓子類などの作れそうなテーマを示したり，作ってみせたりする。 ・テーマを決めかねている生徒には，自信を持たせるような言葉がけをするとともに，作りたいものを聞き出したり，作れそうなテーマを示してみる。 ・じっくり考えている生徒や，制作に集中している生徒のじゃまにならないようにする。 ・気持ちの高まりを訴えたいときや，手助けしてほしいときなどを見極めて対応する。 ・作品が完成したら知らせるようにさせるとともに，何を表現したかを確かめて，その場でメモし，作品に添付する。 ・土粘土が不足したら，そのつど取りにこさせ，次々と制作させる。		木櫛 どろんこプレート 板 保管用箱 メモ用紙
発　表 後片づけ 次週の確認	何を作ったか発表する。 作品や道具を片づける。 机や床を掃除する。	・うまく言えない生徒には援助するとともに，少しでもみられる良い点を確かめ，自信を持たせる。 ・自分で使った物はできるだけ片づけさせるとともに，協力して素早くやらせる。 ・自分からすすんで汚れや仕事を見つけるように仕向けるとともに，必要に応じて，具体的に指示する。 ・次回も粘土をやることを予告し，期待を抱かせる。 ・石けんで手をよく洗うように指示する。	15分	作品 ぞうきん ほうき ちりとり

(5) 評　価　① 身体全体や手指を十分に動かすことができたか。

　　　　　　② 操作した粘土の塊や形に，自分なりのイメージを持つことができたか。

　　　　　　※詳しくは，別途授業記録用紙に基づいて評価する。

135

資料2　授業記録例 (対象生徒9名，80分)

題　材	「土粘土」			内　容　思い切り作ろう（信楽粘土1回目）	
全体への支援事項　今までの作品の中から，良いものや作ってほしいものを導入で見せる。作る前にいっぱいた					
観点　　　氏名	① ガイダンス（支援）			② 興味・関心　1 全くなし　2 あまりなし　3 あり　4 ややあり　5 非常にあり	③ イメージ　1 粘土触らず　2 いじる　3 形を意味づけ　4 テーマ無関係　5 テーマ忠実　6 テーマ工夫
	(1) 発問・指示・介助など	(2) 反　応	(3) 解釈・手だて		
A S・M	特に指示せず，できたのを確かめたり，褒めたりする。	黙々と3点作る。	命名が主でないので，あまりしつこく尋ねない。	4	4 模倣
B Y・S	足や模様付けを促す。	すぐにやる。		5	6 ネコ：魚を加える。 犬：人が乗る。 オオカミ：毛を描く。
C A・K	なかなか具体的な形にならないの，家でりんご栽培していることを話題にしながら，りんごを作ってみせる。	手本に刺激されて作る。つるもドベをつけ，まねして付ける。	家でのりんご作りを話題にしたこと，モデルを示したことで作る気になる。	4	5 指示受けて。
D K・J	ドベによるくっつけ方を教える。	やり方をすぐ理解して，5点ともやる。	ドベによる接着方法に興味を示す。	4 参観者が多かったのに，いろいろ作る。	5
E N・Y	25 kg 希望により使わせる。	大きな作品ではなく，15点の「雪ダルマ」となる。	大きな塊を操作したい衝動が強い。	5	5
F K・M	アイドルの名前片に変化を促すため，大きな皿を作ってあげてくっつけるのを勧める。	次々とくっつける。	ドベに興味を持つ。皿に模様付けを促してもよかった。	4	3
G T・K	屋根が落ちるので，柱を入れる方法を教える。	説明をうなずきながら聞く。	今度作るときに生かされると思う。	4	6
H N・M	粘土をのばして「ヘビ」作りを勧める。一部介助。参考作品も見せる。	励ましたら，次々と作る。ヘビ13点，ほか7点作る。	汗をかくほど粘土を操作してから働きかけたのと，形が簡単で前にも作っているのがよかった。	5	3
I K・Y	小さいのをたくさん作っていたので，大きな皿を介助して作らせる。	たたくのも，縁を盛り上げるのもまねしてやる。	Fと同じにやろうとしたが，少し変えて，縁を盛り上げるのをやらせたら，それなりにやる。	4	3

資　料

中学部（2班）		平成元年12月6日（水）		累計　9回目
たくことを勧める。			（この日は9名で約115Kgの土粘土を使用した。）	

④ 表現リズム	⑤ 身体・手指の動き	⑥ 道具使用	⑦ 対人関係	⑧ 準備・後始末・身支度など
1 無気力 2 回転速い 3 目立たず 4 スロースタート 5 ダイナミック	1 あまり動かさず 2 指先中心 3 全身ダイナミック	1 不使用 2 多少使用 3 積極的使用	1 な　し 2 模　倣 3 共　同	
5	2，3	1	1 となりの席のBの模倣が感じられる。	よく動いてやる。
5	3	2	1	よく動いてやる。
3	1 それなりに動かしているが，ダイナミックさに欠ける。	2 Eに刺激され，粘土を糸で切るのに興味を示す。	2 Eのまねして粘土を糸で切る。	よく動いてやる。
3	2	1 「ヘビ」の目を指示により，ヘラでひっかいてつける。	2 Cの「りんご」	よく動いてやる。
5	3	3 顔を描くとき。最初にたたいたり切ったりするとき。	1	よく動いてやる。昼休みも教師が知らない間に，一人で道具を洗ってくれていた。
2	2	3	1	よく動いてやる。
5	3	3 のべ棒，粘土ベラ，木製ペン。	2 昨年のEの「家」	よく動いてやる。
5 うなりながら	3	2 粘土ベラ〜模様付け。 のべ棒〜たたく。	(3) CがGに話したのに返事をする。	よく動いてやる。
3	2	3 ろくろや粘土ベラをたくさん確保。Fがやっていたドベに興味を示し，夢中になってやる。	1	後半，T1の名前を時々呼ぶ。よく動いてやる。

137

観点 氏名	⑨ 制作の様子（作品名・制作の過程）
A S・M	①「コップ？」：Bの「おふろ」を模倣する。 ②「車」：2カ所突起があって比較的独創的。　　　　　　　参観者多いが，比較的黙々と作る。 ③「カギ」：Bの「犬」か「オオカミ」の模倣（特に突起）。 　　　　　　　　　　　　　　　　　　　　　　　　　　　　　　　　　　　　　　　計3点
B Y・S	①「おふろ」：大きな器状。模様（櫛模様）は教師の指示でつける。②「カメ」：大きく平らにのばし，顔や甲羅に模様をつける。足は指示で描く。③「犬にぼくが乗っている」：7月の作品に似ている。右後足と模様は教師の指示でつける。④「オオカミ」：顔や尾がつく。毛の表現は①での感触から櫛で模様をつける。⑤「猫が魚を食べている」：小さい粘土を与えたら作る。口に小さな粘土をくわえさせる。⑥「犬が魚を食っている」 　　　　　　　　　　　　　　　　　　　　　　　　　　　　　　　　　　　　　　　計6点
C A・K	「りんご（6点）」：教師の見本や働きかけに応じて作る。「北斗」と品種名を言う。ツルをドベで付けるのを模倣してやる。 「だんご（2点）」。「ぼくの顔」：一人で粘土をたたいて平らにし，粘土ベラで顔を描く。作りながら「○○だいじょうぶか」などと友達に声をかける。 　　　　　　　　　　　　　　　　　　　　　　　　　　　　　　　　　　　　　　　計9点
D K・J	①「四角い粘土の真ん中に四角い穴を掘ったもの（作品として残らず）」。②「ヘビ」：2匹いっしょに巻く。目と口の模様は教師に促されてつける。③「先生の顔」：部品をくっつけて顔を作る。くっつけるとき，ドベの使い方を教えたらすぐやる。④「りんご（2個）」：小さいがツルをドベでしっかり付ける。⑤「袋」：ドベで持ち手をしっかり付ける。⑥「鉄アレイ」：球と棒をドベでつなぐ。⑦「雪ダルマ」：粘土を丸めて眉毛と目を作って付ける。⑧⑨「だんご（皿付き）」：一つの皿にだんご5〜6個入れる。 　　　　　　　　　　　　　　　　　　　　　　　　　　　　　　　　　　　　　　　計10点
E N・Y	「雪ダルマ（大小合わせて15点）」：25kgの粘土全部を，何度も要求するので与えた。たたいたり，切ったり，さまざまに働きかける。途中，長いヘビもつくるが，気に入らないのか丸めてしまう。 　　　　　　　　　　　　　　　　　　　　　　　　　　　　　　　　　　　　　　　計15点
F K・M	①「アイドル」：四角や丸い粘土にアイドルの名前を書いたものを14個作る。粘土で大きな台を作ってあげ，ドベでくっつけるのを促したらやる。②「みさとのサメ」：顔やヒレが付く。③「なおやのサメ」：顔や尾ビレも付き，②と同じサメでも形が違う。④「スタンプ（みさとのハンコ）」：円錐形に近い形で，スタンプ面に「みさとの」と2回書く。 　　　　　　　　　　　　　　　　　　　　　　　　　　　　　　　　　　　　　　　計4点
G T・K	①「家」：最初はしばらくの間，粘土をのべ棒でたたく。何を作るか聞いたら，家を作ると話す。粘土を薄くのばし，屋根の部品から作り出す。組み立てたとき，屋根が落ちるので柱を1本入れてあげながら，「こうすると屋根が落ちないよね」と教える。授業終わってから，「今度いろいろなお家を作るといいね」と話しておいた。 　　　　　　　　　　　　　　　　　　　　　　　　　　　　　　　　　　　　　　　計1点
H N・M	①「ヘビ（13点）」：粘土を爆弾と言いながら，声を出して床にたたきつける。しばらくしてヘビ作りを働きかけたら，たくさん作る。顔などの模様も，促されてつける。②「魚（7点）」：ヘビと同じ作り。途中で魚のイメージに変わる。③「病院」：粘土の塊を立体的に積み重ねる。④「車」：粘土を握って穴をあける。 　　　　　　　　　　　　　　　　　　　　　　　　　　　　　　　　　　　　　　　計22点
I K・Y	①「お皿にごちそう」：ろくろや粘土ベラ類をたくさん確保し，ろくろの上で小さなもの（丸いだんご状のもの4つ，薄く平らなもの，三角形のものなど）をたくさん作り，小さい穴をいっぱいにあけたりする。大きな皿を介助して作る。作ったものを皿にドベでくっつけてのせる。ドベに興味を示し，のせてから全体にドベを塗る。 　　　　　　　　　　　　　　　　　　　　　　　　　　　　　　　　　　　　　　　計1点

資 料

⑩ 作 品				
(1) テーマ	(2) 大きさ	(3) 形の次元性	(4) ひっかき・付け加え	(5) 認知力
1 操作(形・痕跡) 2 見立て(形・痕跡)　7 自然 3 食べ物　　8 道具・器 4 知人　　　9 ユーモア 5 TV関係　10 植物 6 動物　　　11 そのほか	1 極小 2 小 3 普通 4 大 5 極大	1 平面的 2 やや立体的 3 立体的	1 ひっかき 2 ひっかきと付け加え 3 付け加え	1 形にならず 2 形からイメージ化 3 イメージに添う 4 写実的
8, 10 模倣多い。	4	3	3 両手指をよく動かす。	3 模倣強い。
6, 8	3～4	1:「カメ」 3:ほか	2 つけ加え多い。	3
3, 4, 11	2～3	1:「顔」 2:「だんご」 2:「りんご」	2 「顔」:ひっかき。 「りんご」:付け加え(つる)。	2 「りんご」は支援受ける。 ほかは自分で。
3, 4, 6, 8, 9 多様。	2～3	3	3 ただし、ヘビの目は指示により、ひっかいてつける。	3
7 いつも数種類作るのに一種類のみ。	2～4	2 だんご状を重ねる。	2 目:押す。 鼻・口:ひっかく。	3 数日前の雪遊びをイメージ。今までのロボット, 動物, 食べ物と違う。
5, 6, 8 人の名前つくが, 動物を作るようになる。	2～3	1:「アイドル」 3:「サメ」 　「スタンプ」	2	3
8	4 今までで一番大きい。	3	2 屋根や横にも穴をあけてのぞく。	2
6, 8 「ヘビ」は促されて。	2～4 大きな塊をちぎれないので, ヘビの大きさには限界がある。	1～3 「病院」:立体的。 ほかは1に近い。	2	2～3 3:はっきりした形にならないが。
3	1	1, 2	1 粘土を丸めたりもする。	1, 2

註及び引用・参考文献

引用・参考文献は，最小限にとどめた。

註

1）三木安正（1980）「精神薄弱児の造形教育」『精神薄弱児研究』第257号（1月号），日本文化科学社，pp.6-11
2）成田孝（1992）「「情操」に関する一考察」『大学美術教育学会誌』第24号，pp.11-20
3）大橋晧也（1980）「体性感覚を基体とした美術教育」『大学美術教育学会誌』第13号，pp.33-43。なお，図2は，大橋晧也の図を一部修正した。
4）中村雄二郎（1989）『共通感覚論』岩波書店
5）成田孝（2006）「子どもが主体的に取り組む絵画表現の実践—表面的な操作活動からの克服を目指した一つの題材例—」日本特殊教育学会第44回大会自主シンポジウム39話題提供資料，p.6
6）成田孝（1986）「精神薄弱児の造形教育に関する一考察」『教育研究年報第4集　ふよう'85』弘前大学教育学部附属養護学校，pp.16-18
7）花篤實・岡一夫編著（1985）『幼児教育法　絵画製作・造形〈理論編〉』三晃書房，pp.11-27
8）ヴィゴツキー，柴田義松訳（2001）『新訳版・思考と言語』新読書社，pp.298-306，p.318，p.322
9）言語教示以外の方法は，①及び②に大きな示唆を得た。また，間接的な支援から直接的な支援へと，段階的に支援する考え方は，③が参考となる。
　①　大阪府立豊中養護学校（1983）『昭和56，57，58年度文部省指定実験学校　重度精神薄弱児教育研究報告』pp.70-72，pp.144-145
　②　竹田契一・里見恵子編著（1994）『子どもとの豊かなコミュニケーションを築くインリアル・アプローチ』日本文化科学社，pp.6-16
　③　I.E.シーゲル・R.R.コッキング，子安増生訳（1983）「6章　表象的思考の発達：特殊な概念化—ディスタンシング仮説」『認知の発達　乳幼児から青年期まで』サイエンス社，pp.189-216
　④　梶田叡一（1983）『教育評価〔第2版〕』有斐閣双書
　⑤　群馬県教育研究所連盟編集（1981）『学校における教育研究のすすめ方』東洋館出版社，pp.116-117
　⑥　岡輝彦（2002）「第3章-3　授業の展開と教師の指導・支援・援助」「第3章-4 授業展開と教師の技・身体」湯浅恭正・冨永光昭編著『障害児の教授学入門』コレール社，pp.88-96
　⑦　田中己美子（2002）「第7章　自立的な姿勢を育む授業づくり—養護学校における生活単元の学びをつくる」湯浅・冨永編著前掲書，pp.165-167

⑧　小川英彦(2002)「第4章　授業評価・システムの教授学」湯浅・冨永編著前掲書, pp. 97-117

10)　事例2における6年間の版画を見ても,表現力の高まりが生活全体の意欲・活気・主体性に結びついていることを,次の文献で報告した。
　　成田孝(1994)「版画の指導」『月刊実践障害児教育』3月号,学習研究社, pp. 14-16

引用・参考文献

11)　筧敏生・成田孝(1990)「精神発達遅滞児における粘土指導」日本教育大学協会　第二常置委員会編『教科教育学研究』第一法規, pp. 121-142

12)　成田孝(1985)「表現の意味について」『弘前大学教育学部教科教育研究紀要』第1号, pp. 89-98

13)　弘前大学教育学部附属養護学校(1994)「高等部　分からないときや失敗したときに,進んで解決する作業学習の指導はどうあればよいか」『研究紀要　第13集　一人ひとりの主体性を大切にした指導』pp. 97-161

14)　弘前大学教育学部附属養護学校(1997)「中学部　自分の気持ちを表現しながら,主体的に取り組む生活単元学習の指導はどうあればよいか」『研究紀要　第14集　一人ひとりの主体性を大切にした指導─国語・生活単元学習・数学の実践を通して─』pp. 49-94

15)　湯浅恭正(2006)『障害児授業実践の教授学的研究』大学教育出版

16)　廣瀬信雄(2002)「序章-2　授業をつくり出すことのおもしろさ」「第3章-1　「展開」する授業」「第3章-2　授業展開と教材解釈・教材分析」湯浅・富永編著前掲書, pp. 20-27, pp. 79-88

なお,本書は以下の文献の,筆者執筆分担箇所から,多くを引用,並びに修正した。

17)　成田孝(2002)「第10章　学習の素材を生かす授業づくり─造形学習における学びをつくる」湯浅・富永編著前掲書, pp. 199-216

18)　成田孝(1993)「豊かな心情の世界─発達に遅れのある子どもたちの"輝き"に学ぶ─」『教育研究年報第11集　ふよう'92』弘前大学教育学部附属養護学校, pp. 91-99

19)　弘前大学教育学部附属養護学校(1990)「図画工作・美術　豊かな表現力をはぐくむ指導はどうあればよいか」『研究紀要　第10集　自ら生活力を高めながら生きていく子どもの指導─生活単元学習,日常生活の指導,図画工作・美術の実践を通して─』pp. 138-233

20)　弘前大学教育学部附属養護学校「図画工作・美術」班編著(1991)『豊かな心情の世界─土粘土による制作過程と作品─』

あとがき

　造形学習を例にとると，どんな題材でも子どもはそれなりの活動をしてしまう怖さがある。教科は，材料や技術や技法によって分類される。絵の具や粘土を使い，色や形があれば造形（図画工作・美術）と称される。しかし，造形が造形学習となるためには，活動に子どもが真に存在しなければならない。

　また，造形教育を教科として位置づけるか，生活単元学習や総合学習などで展開するかは，大した問題ではない。要は，子どもの活動が一見主体的で表面的な操作活動に終始しているのではなく，真に子どもが存在する主体的な活動になっているかどうかである。

　教師は誰しも，教師の都合ではなく，子どものために授業を行っている自覚を持っている。私も教師になって10数年間は，絵画に偏重している造形教育の状況にあって，彫塑も重要と考え，粘土や石膏を採り入れていた。

　しかし，今考えると，粘土の素材を十分吟味していたわけでもなく，紙粘土や油粘土を安易に使っていた。土粘土を使用しても，2回程度の少ない回数で，量も少ないうえ同じ量しか用意していなかった。だが，土粘土の重要性を重視して取り組んでみると，取り組みに比例して表情や作品が大きく変化した。想像を遥かに超える変化に，土粘土の重要性を実感させられた。経験知の意味を思い知る。

　本書のキーワードは徹底的授業分析だが，授業分析の在り方を提案しているのではない。子どもが真に存在する授業を，発達に遅れのある子どもを対象に，土粘土の実践を通して追求したつもりである。

　最後に，多くのことを教えてくれた，本書の子どもたちに心から感謝したい。また，クラーゲス（Ludwig Klages）表現学に導いてくれた，故千谷七郎東京女子医科大学名誉教授，故赤田豊治東京女子医科大学名誉教授，故三木成夫東京芸術大学教授及び今井健一様に厚くお礼申しあげる。

　同時に，授業の中の子どもの存在を厳しく問い続けた「授業を考える会（青森県十和田市，高森山授業研修センター）」は，私の大きな財産となっている。代表の伊藤功一様に，あらためて感謝の意を表したい。

　さらに，特別支援教育の，一教科の一題材にすぎない本書の出版を快諾いただいたうえ，全頁詳細にわたって大変貴重なご助言をいただいた黎明書房社長武馬久仁裕様及び編集部の都築康予様に，心から感謝申しあげる。

　加えて，わがままを許してくれて，協力を惜しまなかった家族，特に妻に感謝したい。

著者紹介

成田　孝

青森県生まれ。1972 年多摩美術大学卒業。
4 年間の公立中学校美術教師を経て，特別支援学校に勤務。
第 12 回（平成 3 年度）辻村奨励賞受賞。
クラーゲス協会（ドイツ）会員。

発達に遅れのある子どもの心おどる土粘土の授業

2008 年 9 月 20 日　初版発行	著　者	成　田　　　孝
	発行者	武　馬　久仁裕
	印　刷	株式会社　太洋社
	製　本	株式会社　太洋社

発　行　所　　　株式会社　黎明書房

〒460-0002　名古屋市中区丸の内3-6-27 EBSビル　☎052-962-3045
　　　　　　　FAX 052-951-9065　振替・00880-1-59001
〒101-0051　東京連絡所・千代田区神田神保町1-32-2　南部ビル302号
　　　　　　　　　　　　　　　　　　　☎03-3268-3470

落丁本・乱丁本はお取替します　　　　ISBN978-4-654-01805-5
Ⓒ T. Narita 2008, Printed in Japan

特別支援教育の **子ども理解と授業づくり** ―授業づくりを「楽しく」始める教師になる B5／103頁　2200円	高橋浩平他編著　特別支援教育キャリアアップシリーズ①／障害・発達に関する知識と楽しい授業づくりの実践等。特別支援教育に第一歩を踏み出す教師のための本。
特別支援教育の**授業を組み立てよう** ―授業づくりを「豊かに」構想できる教師になる B5／100頁　2200円	小川英彦他編著　特別支援教育キャリアアップシリーズ②／授業設計，教材・教具の開発，障害特性を配慮した指導方法等を紹介。中堅教師のさらなる技量アップのための本。
特別支援教育の **カリキュラム開発力を養おう** ―授業を「深める」ことのできる教師になる B5／102頁　2200円	湯浅恭正他編著　特別支援教育キャリアアップシリーズ③／特別支援教育を10年以上経験し，カリキュラムの改善と開発を視野に入れて授業づくりを深めたいと思う教師のための本。
授業案作成と授業実践に役立つ **特別支援学校の授業づくり基本用語集** A5／116頁　1800円	太田正己著　特別支援教育に取り組む教師が，授業者として理解しておかなければならない基礎・基本を，21の基本用語とその関連項目をもとに，授業案作成の手順に沿って解説。
特別支援教育の授業研究法 ―ロマン・プロセス法詳説 A5／272頁　6300円	太田正己著　歴史的・文献的・実践的研究に基づいて，著者独自の授業批評の方法「ロマン・プロセス法」を構築し，その障害児教育の授業改善への有効性を実証。
障害児のための個別の **指導計画・授業案・授業実践の方法** B5／135頁　2500円	太田正己編著　障害児の授業＆学級経営シリーズ①／知的障害児のための「個別の指導計画」を生かした授業づくりの考え方と，養護学校・小学校障害児学級での実践を紹介。
障害児と共につくる **楽しい学級活動** B5／139頁　2600円	太田正己編著　障害児の授業＆学級経営シリーズ②／学級びらきから学級じまいまでの「学級活動の1年」，朝の会から帰りの会までの「学級活動の1日」等の具体的な実践を紹介。
障害の重い子のための **「ふれあい体操」**（CD付） B5／76頁　2400円	丹羽陽一・武井弘幸著　障害児教育＆遊びシリーズ④／養護学校の実践から生まれた「ふれ愛リラックス体操」「ふれ足体操」「ふれっ手体操」等のねらい，留意点，やり方を，図を交え紹介。
発達に心配りを必要とする子の **育て方** A5／240頁　2800円	松田ちから著　乳幼児期からの教具，歌や遊びを多数紹介。言語・着脱・排せつ等が自然に身につく技法を解説。『発達に遅れのある子の育て方』増補・改題。
高機能自閉症・アスペルガー障害・ **ADHD・LDの子のSSTの進め方** ―特別支援教育のためのソーシャルスキルトレーニング(SST) B5／151頁　2600円	田中和代・岩佐亜紀著　生活や学習に不適応を見せ，問題行動をとる子どもに社会性を育てる，ゲームや絵カードを使ったSSTの実際を詳しく紹介。ルールやマナーを学ぶSST／他

表示価格はすべて本体価格です。別途消費税がかかります。